엄마의 삶에도
문진표가 있나요?

엄마의 삶에도
문진표가 있나요?

초판 1쇄 인쇄 _ 2022년 5월 10일
초판 1쇄 발행 _ 2022년 5월 20일

지은이 _ 박세은

펴낸곳 _ 바이북스
펴낸이 _ 윤옥초
책임 편집 _ 김태윤
책임 디자인 _ 이민영

ISBN _ 979-11-5877-297-0 03370

등록 _ 2005. 7. 12 | 제 313-2005-000148호

서울시 영등포구 선유로49길 23 아이에스비즈타워2차 1005호
편집 02)333-0812 | 마케팅 02)333-9918 | 팩스 02)333-9960
이메일 bybooks85@gmail.com
블로그 https://blog.naver.com/bybooks85

책값은 뒤표지에 있습니다.
책으로 아름다운 세상을 만듭니다. — 바이북스

미래를 함께 꿈꿀 작가님의 참신한 아이디어나 원고를 기다립니다.
이메일로 접수한 원고는 검토 후 연락드리겠습니다.

엄마의 삶에도
문진표가 있나요?

박세은 지음

ByBooks

어릴 적 놀이터에서 아이들은 딱지치기를 하거나 팽이를 돌렸다. 흙바닥에서 굳건히 돌아가던 팽이 위로 색색깔깔 빛깔이 소용돌이쳤다. 어떤 아이는 별무늬를 그려 넣었고 또 어느 아이는 둥그런 무지개를 그렸다. 저 마다의 개성이 넘치는 팽이들은 무대 위를 뽐내고 있었다. 그때였다.

"야! 남의 팽이를 발로 차면 어떻게 해?"

어설픈 걸음마에 기저귀를 찬 동생이 끼어들었다. 아기는 멈춰선 팽이를 하늘로 집어 들고 유심히 무늬를 관찰했다. 호기심에 가득 찬 입술은 동그랗게 오므라들었다.

아이는 자라서 성인이 되었다. 어른으로 사는 동안 종종 팽이를 쥐어들었던 순간을 떠올렸다. 잠시라도 멈출 수 없는 사람들의 인생이 마치 '팽이치기 한 판'과 닮았다고 생각했다. 경기 도중 힘들거나 괴롭다고 굴복할 수 없는 삶이었다. 열심히 돌기만 하던 어느 날 생각했다.

'처음 팽이에 새겨 넣은 무늬를 제대로 보려면 이 속도를 늦추거나 멈춰야 한다.'

어느 날 그런 일이 일어나고야 말았다. 삶의 중압감은 늘 만만한 자신을 채찍질 했다. 둔감할 거라 생각했던 몸이 마음보다 먼저 알아차렸다. 열은 사십 도 가까이 오르고 알 수 없는 두통으로 대학병원에 입원하게 되었다. 환자복을 입자 삶의 속도가 낮아졌다. 실틈 사이로 지독한 고독이 고요히 파도쳐 왔다. 밖으로만 향하던 시선은 자꾸 거울 속 자신에게로 되돌아와 물었다. '나…… 지금 잘 살고 있는 걸까?' 병원 휴게실에 털썩 주저앉았다. 그때 테이블 위에 누군가 버려두고 간 문진표를 만나게 되었다.

간단한 질문에 대답하면 자신의 몸 상태를 들여다볼 수 있었다. '아, 엄마라는 삶에도 이런 문진표가 있다면 얼마나 좋을까.' 잘 닦인 거울처럼 삶도 투명하게 볼 수 있다면 좋겠다고 생각했다. 하얀 드레스를 입고 식장을 나와 배 속에 아이를 출산하던 순간까지도 머릿속에는 늘 물음표 투성이였다. 물음표는 커다란 물풍선처럼 아이를 키울수록 점점 커져가 불안했다. '우리 아이 이대로 잘 키우고 있는 걸까?' '나는 과연 엄마로서 잘하고 있는 걸까?' 헤어 드라이기 하나를 사도 설명서가 따라오는데, 울음 버튼이 수십 수백 개 달린 아기는 아무런 경고문 없이 품안에 안겨졌고 나는 그렇게 엄마가 되었다.

"엄마로 사는 일은 누구에게나 처음이라 서툴고 어려울 수 있어요. 당연해요. 괜찮습니다."

그 당시 누군가에게 이런 말을 듣고 싶었는지도 모르겠다. 맘카페를 가입하고 육아서적을 뒤져가며 끊임없이 물었다. "우리 아이 이렇게 최고로 키웠어요." "현명한 엄마는 이렇게 가르친다." "엄마의 정보력이 아이의 미래를 결정합니다." 가판대 앞에 선 이 서툴고 불안한 엄마를 다독여줄 수 있는 책은 없었다. 기대고 싶은 엄마의 마음을 안아 줄 수 있는 책이 절실했다. 그런 이야기들 나누고 싶어 한 권의 책이 세상에 나왔다.

"우리 엄마 어디가 아파서 오셨나요?"
"제게 엄마살이는 녹록지 않은 일이었습니다. 가족과 아이들에게 우선순위를 둘수록 제 자신이 희미해졌습니다. 사랑하는 마음이 크게 차오를수록 가슴 아플 일들도 늘어갔습니다. 온 가족 함께 모이는 순간이면 벅차오다가도 가슴이 갑갑하게 조였습니다. 살기 위해 혼자만의 시간을 찾아 도망쳤습니다. 엄마의 삶에도 문진표가 필요합니다. 문진표와 함께하는 시간은 자신을 마주하는 시간이었습니다. 엄마는 다시 평온한 얼굴로 가족을 향해 걸어갑니다."

나의 글은 누군가의 성공담도 혹은 실패담도 아니다. 연약한 조개의 상처가 만들어낸 진주처럼 눈물의 반짝임으로 써낸 보석 같은 이야기이다. 오늘을 가장 아름다운 순간으로 만들기 위해 벌인 치열한 사투이다. 한 권의 책이 '몸에 이상신호를 알아차리는 문진표'처럼 당신의 마음을 보듬었으면 좋겠다. 끝없는 돌봄 노동 속에 지친 많은 엄마들과 함께 공감하고 위로가 되기를 바란다.

강인한 겉껍질 속에 빛나는 온화함을 지닌 진주처럼 빛나는 엄마들에게.
당신의 영혼은 어떤 빛깔인가요?

프롤로그

차례

chapter 7

마음에 불안함이 느껴지시나요?

1. 생활에서 주로 어떤 도구를
이용하시나요?

가위,
인생의 시작과
끝에 놓이다

무더운 여름이 찾아오면 기력이 떨어져서 식욕이 없다. 잃어버린 입맛을 되찾기 위해 살얼음 동동 띄워진 평양냉면을 시켰다. 슴슴한 고깃국물과 개운한 동치미를 섞은 육수에 식초와 겨자를 더했다. 이제 동그랗게 말아진 면을 가위로 잘라 먹으면 되는데 중요한 게 없어졌다. 가위가 주방에서 마법처럼 사라져버렸다. 서랍장을 온통 뒤져보았지만 가위는 쥐도 새도 모르게 증발해 버렸다.

절체절명의 순간에 가위가 사라지면 당혹감을 감출 수가 없다. 한낱 작은 가위가 부엌살림에서는 꽤 중요한 존재이기 때문이다. 라면을 끓일 때 가위로 대파를 숭덩 썰어 넣는 편리함을 무엇에 비교할 수 있을까. 심지어 삼겹살도 가위로 잘라 먹는 한국인에게 가위는 도구를 넘어선 그 무언가가 되었다. "만약 무인도에 떨어진다면 당신은 무엇을 가져가고 싶은가?"라는 질문에 나는 작은 주방 가위 하나

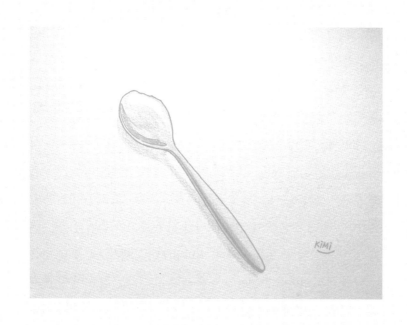

가위는 언제나 쓰고 난 그 자리에 있었다.
언제나 그 자리에서 사람들과 함께해주는 가위가
왠지 소중하고 고맙게 느껴진다.

를 챙겨가고 싶다.

'가위가 처음 발명 되었을 때 열렬한 환영을 받았겠지?'라고 생각했었지만 정답은 아니었다. 두 개의 칼날을 교차해서 만든 가위는 그 당시 사람들에게 쓸모없는 사치품으로 낙인이 찍혔다고 한다. 대량생산이 가능한 공장이 없던 그 시절에는 대장장이들이 손수 가위를 만들었다. 쇳물을 녹이고 망치로 두드리고 펴서 만든 귀한 수공예품이었다. 그래서 귀족들만 사용하였다고 한다. 편지봉투용 가위가 따로 있을 만큼 용도별로 세분화해서 썼다. 귀족들이 쓰던 사치의 대명사 가위는 오늘날 사람들의 식탁 위에서 고기를 자르고 택배상자를 뜯는 데 꽤 유용하게 쓰이게 되었다.

'주방에서 사라진 가위는 어디로 간 걸까?' 잃어버린 가위에는 사연이 있었다. 하얀 웨딩드레스를 입고 입장하던 날이었다. 결혼생활의 시작을 축하하는 색색깔 리본을 자르던 순간에도 나는 가위와 함께였다. "원래 결혼할 때 칼은 엄마가 사주는 거야"라던 엄마는 내게 잘 드는 가위 한 벌을 사줬다. 엄마랑 사는 동안 손에 물 한 방울 안 닿게 키운 딸아이가 집안일을 잘 해낼 리 없다는 걸 이미 알고 계셨던 걸까. 초보 새댁에겐 김치를 자르는 것도 칼보다 가위가 훨씬 수월했다.

엄마가 사준 소중한 가위를 되찾고 싶었다. '발이 없는 가위가 뛰어야 벼룩이지!' 온 집안을 샅샅이 뒤졌다. 딸아이 방에서 색종이를 지그재그 자르던 핑킹가위가 나왔다. 바느질고리 안에서는 실을 자르던 재봉 가위가 나왔고 화장실 서랍장에서는 앞머리를 자르던 미용가위가 나왔다. 그러나 모두 내가 찾던 가위는 아니었다.

갈수록 냉면은 불어가고 허기진 뱃속은 아우성쳤다. 아쉽지만 얼마 전 구입한 이유식용 가위를 꺼내었다. 무심코 식탁 위에 놓아도 위협적이지 않은 알록달록한 가위였다. 이가 덜 자란 아이가 쉽게 소화할 수 있도록 유아식을 먹일 때 잘라주면 유용했다. 아기가 태어나고 집에 들어온 가위가 하나 더 있었다. 종잇장처럼 얇은 아기 손톱을 잘라주는 손톱가위였다. 아기의 손톱은 부드럽지만 날카로워 자고 일어난 아기 얼굴에 하나씩 상처를 내곤 했다. 아가는 손톱을 깎을 때면 고양이처럼 요리조리 도망을 쳤다.

아기가 태어나던 순간에 아빠는 가위로 탯줄을 잘랐다. 처음 만나는 아기와 낯선 출산 과정 속에서 떨리는 손으로 가위를 들던 남편은 이제 노련한 아빠가 되었다. 과연 생의 마지막 순간에도 가위가 있을까. 옛날 사람들은 '긴 여정이 끝났다'는 의미로 가위를 부장품으로 묻어주기도 했다고 한다. 질긴 것을 끊고 지저분한 것을 잘라내어 주는 고마운 가위는 이렇게 우리 인생의 시작과 끝에서 늘 함께였구나.

참, 고군분투 끝에 결국 가위를 찾아냈다. 가위는 냉장고 안에서 시원하게 낮잠을 자고 있었다. 그동안 잃어버린 건 '가위'가 아니라 '정신머리'였다는 걸 다시 한 번 느끼게 해줬다. 가위는 언제나 쓰고 난 그 자리에 있었다. 언제나 그 자리에서 사람들과 함께해주는 가위가 왠지 소중하고 고맙게 느껴진다.

생활에서 주로 어떤 도구를 이용하시나요?

핸드폰,
부메랑처럼 돌고 돌아가는 것

아이들이 조용하면 늘 어디선가 사고를 친다. 핸드폰이 조용한 날에는 조금 수상해진다. 그래서일까. 아이들도 핸드폰도 어딘가 부산스러운 게 더 어울린다.

밀린 집안일로 분주한 날이면 조그만 핸드폰이 얼마나 거추장스럽게 느껴지는지 모른다. 벨이 울리면 주방에서 호박전을 부치다가도, 빨래를 털다가도 허겁지겁 달려가 전화기를 찾느라 바쁘다. 작은 녀석이 진동으로 되어 있으면 한참을 숨바꼭질에 나서야 한다. 언제나 전화를 먼저 걸어오는 사람은 남편이다. 별것 아닌 이야기도 둘이 나누면 재미가 빵 반죽처럼 부풀었다. 둘이서 들을 수 있는 라디오 주파수에 사연을 보내는 것처럼. 오래된 부부의 좋은 점은 이런 것이었다. '개떡같이 말해도 찰떡같이 알아듣는 사이'. 반면에 나이가 먹을수록 속 깊은 이야기를 나눌 수 있는 친구가 점점 줄어가 서글프다. 나이를 먹어가며 대화의 희열을 뒤늦게 알아버린 사람은 어쩌란 말인가.

살다보면 이야기가 몸속에 차오른다. 바닷가에 밀물이 들어오듯 찰랑찰랑 차오르는 걸 느낄 수 있다. 실제로 익사할 것 같은 기분이 들기도 한다. 그럴 때면 핸드폰을 찾아든다. 내게는 세 살 터울인 언니가 있다. 그녀와 전화를 할 때면 늘 '아무 말 대잔치'가 펼쳐진다. 자매는 서로 공감할 수 있는 게 많다. 아이들에 대한 시시콜콜한 이야기부터 무궁무진 세상 이야기들로 넘쳐난다. 교육, 육아, 생활용품, 장난감, 드라마 주제를 자유롭게 넘나든다. 정신 바짝 차리고 주제와 흐름을 파악해야 한다. 전화기 너머로 들려오는 가족의 음성이 평온해 보여서 다행이다. 결혼하고 떨어진 동기간들은 늘 뒤에서 서로의 삶을 응원한다. 형제가 잘 살아내는 모습을 보는 것만으로도 희망이 되곤 한다.

젊은 시절에는 술을 마시면 꼭 누군가에게 전화를 걸었다. 걸신들린 듯이 그리움에 목이 말랐다. 통화 대상이 울 엄마일 때도 있었고 한 때 좋아했던 남자였을 때도 있었다. 신나게 통화를 하고 다음날 통화 기록을 보며 머리를 쥐어뜯기도 했다. 기억나지 않는 전화 속 내용을 다시 물어 확인할 용기가 나지 않았다. 아마도 상대는 고장 난 자동응답기랑 통화하는 기분이 들었을 것이다. 고욕이었을 것이다. 깊은 반성과 후회의 날들로 더 이상 취중전화는 손대지 않았다.

가족들이 전부 잠이 들고 캄캄한 밤이 찾아왔다. 커다란 거실창 너

생활에서 주로 어떤 도구를 이용하시나요?

머로 다른 집 유리창이 반짝인다. 베란다 창문을 크게 열고 불어오는 바람을 맞으며 맥주 캔을 땄다. 바람 한 모금에 시원한 맥주 한 모금을 들이키자 속이 시려왔다. 그리워서였다. 누군지 모를 그 누군가가 그리웠다. 카톡 프로필사진을 쭈루룩 내려 보아도 은밀한 시간에 연락할 사람은 없었다. 결혼을 하고 아이를 키우며 우정을 소홀히 한 게 잘못이다. 몸속을 채운 말들이 허공에 떠돌다 창밖으로 날아가 버렸다. 갈 곳도 모른 채 사라졌다. 이 지구상에 어디선가 나를 그리워해주는 사람이 살고 있었으면 좋겠다고 생각했다. 문득 혼자서 티브이를 보고 있을 엄마를 떠올렸다.

다음날 햇빛이 눈꺼풀을 비집고 들어왔다. 아침이었다. 일어나야 하는데 몸이 무거웠다. 조금만 더 눈을 감고 싶었다. 하루가 채 시작되지 않았지만 질식사를 할 듯이 버겁게 느껴지는 순간이 있다. 그런 날에는 기어코 늦잠을 자고야 만다. 베개 밑에 둔 핸드폰이 나를 채근하듯 울렸다. '울엄마'였다. 어젯밤 텔레파시가 통했나 보다.

"엄마가 어제 몸신에서 봤는데 말야, 발끝치기 있지? 앉아서 그거 좀 해봐바~"

"너 올리브잎 알지? 그게 염증 줄이는 데 효과가 그렇게 좋다네~"

"지난번에 갖다준 열매마 주스 다 떨어졌어? 어제 천기누설에서 골다공증 완화 주스로 나왔는데 없으면 엄마가 다시 보내줄게."

요즘 엄마의 관심사는 첫째도 건강 둘째도 건강이다. 하루는 골프 공도 갈아버릴 것 같은 스텐리스 믹서기를 사셨다. 갱년기에 좋다는 열매들을 직접 갈아먹기로 작정하신 거다. 또 어떤 날은 건강다큐멘터리에 심취했다. 소개된 건강식품은 방송이 끝나고 채널을 돌리다 보면 홈쇼핑에서 팔았다. 그래서일까. 어느 날부터 홈쇼핑 쇼호스트들이 약장수로 보이기 시작했다. 엄마 침대 옆에는 약뜸질기와 건식 족욕기가 줄을 지어 서있다.

엄마의 마음을 조금은 이해할 수 있을 것 같다. 모두 '나 잘살자'고 구입한 건 아니라는 걸. 엄마는 강한 여자이다. 마트와 백화점에서 평생을 일하셨다. 성냥갑 같은 '직원휴게실에 앉자 있는 휴게시간'을 제외하곤 선 채로 사셨다. 통통하던 다리 살은 점점 빠져가고 푸릇한 정맥이 튀어나오기 시작했다. 일찍 가장으로 생계를 책임져야 했기 때문일까. 적은 연세가 아닌 지금도 용돈 벌이 한다며 일자리를 고집하신다. 엄마의 건강 염려증은 아마도 '자식들에게 짐 되고 싶지 않은 마음'일 것이다. '아픈 엄마가 되어 자식들에게 폐 끼치고 싶지 않아.' 두 손으로 자식들을 먹이고 키워낸 어미로서의 마지막 자존심일지도 모르겠다. 나는 그런 씩씩한 엄마가 있어 든든하다. '울 엄마처럼 아이들 앞에서 약한 모습 보이지 말아야지.' 다짐해본다. 나는 강인한 엄마의 등을 바라보며 아이들을 키워낸다. 그러다 보면 절로 강인해지는 것 같다. 엄마들의 건강 염려증이 유난스럽지 않고 사랑스럽기 시작했다.

어린 시절 핸드폰은 집 밖의 세상과 연결되는 유일한 통로였다. 식탁에서 밥을 먹다가도 친구들과 부지런하게 연락을 주고받았다. 그 시절 휴대폰에는 동네 친구들 전화번호들로 꽉 채워졌다. 대학에 들어가고 소위 '인맥'이란 걸 알게 되었다. 학과를 넘나들고 커리어를 쌓으며 다양한 사람들의 전화번호가 더해졌다. 어느덧 연락처에도 폴더별 정리가 필요해졌다. 가득 찬 전화번호를 볼 때면 많은 이들과 '연'이 닿아있다는 생각에 흐뭇했다. 취업을 하고 직장생활 할 때 휴대폰은 몰래보는 맛이 있었다. 화장실에 앉거나 엘리베이터를 탈 때면 조건반사처럼 손에 들려 있었다. 낯선 곳에 가서 타인들의 시선이 부담스러울 때도 휴대폰이 좋은 벗이 되어주곤 했다. 결혼을 하고나자 휴대폰은 육아 전투 시에 구호물자를 책임져 주었다. 면봉부터 기저귀까지 모두 다 휴대폰 하나로 배달되었다.

세월은 빛의 속도로 흘러 중년으로 접어들었다. 세상 밖으로 향하던 핸드폰은 이제 다시 집으로 전화를 걸기 시작했다. 그리웠던 나의 가족들, 한 동네 옆집 살던 친구들, 곧 돌아올 반려자에게로 가 닿았다. 오늘도 전화는 그리운 목소리를 부지런히 배달 중이다. 창밖에 커다란 보름달이 떠올랐다. 조명을 켠 듯이 훤한 불빛이 창문 아래에 떨어진다. 달무리가 끼기 전에 얼른 누군가에게 전화를 걸어야겠다. "달이 떴다고 전화를 주시다니요. 이 밤 너무 신나고 근사해요." 김용택 시인의 시가 떠오르는 밤이다.

침대, 가구 같은
사람을 만나고 싶다

그리스 신화에는 '잡아 늘이는 자'라는 이름을 가진 프로크루스테스가 나온다. 포세이돈의 아들로 알려진 그는 아테네 인근에 여인숙을 차렸다. 특이한 건 손님들이 들어오면 쇠 침대로 안내했다. 키가 큰 사람에게는 작은 침대를 내어주고 작은 사람에게는 큰 침대를 내주었다. 키가 침대보다 커서 밖으로 튀어나오면 머리나 다리를 톱으로 잘라내고, 작으면 몸을 잡아 늘여 죽였다. '뿌린 대로 거둔다'고 했던가? 나중에 프로크루스테스는 영웅 테세우스에 의해 자신이 자행한 것과 같은 방식으로 침대 밖에 튀어나온 머리가 잘려 죽게 되었다.

얼마 전 이케아에서 미넨침대를 구입했다. 성장기인 아이들의 키에 맞춰 길이를 조절할 수 있는 철제 침대였다. 육각 렌치로 침대를 조립하는 동안 크로크루스테스 이야기를 떠올렸다. 침대에 갈빗살을 끼우며 '신화 속에도 길이조절 철제침대가 있었다면 수많은 희생

생활에서 주로 어떤 도구를 이용하시나요?

자들의 목숨을 구할 수 있지 않았을까?'라는 엉뚱한 생각을 했다. 요즘 자신의 원칙이나 기준을 막무가내로 고집하며 다른 사람의 생각을 억지로 자신에게 맞추려고 하는 태도를 '프로크루스테스의 침대'라는 표현으로 사용한다.

'라꾸라꾸' 침대를 기억하시나요? 라꾸라꾸는 철제로 만들어진 싱글 침대였다. 접이식으로 되어 있어 보관이 편리하며 바퀴가 있어 이동이 수월했다. 홀로 사는 자취생들이나 숙직실에서 쪽잠을 자야하는 이들에게 잠자리가 되어주던 간이침대였다. 좁은 공간에서 침대를 접었다가 펼치면 곧잘 아늑한 방으로 만들어주었다. 자취를 시작하던 젊은 시절 라꾸라꾸 침대 위에서 잠을 자며 꿈을 키우곤 했다. 언제부턴가 피곤하거나 얼큰하게 술에 취해 들어온 날이면 자주 가위에 눌리곤 했다. 허리가 아파 자세를 바꿀 때면 '삐그덕~끽~끽' 대는 철제 소리가 귓가에서 돌림노래로 울려퍼졌다. 누군가 나를 노려보며 서있었다. 하루는 톱을 든 프로크루스테스가 또 하루는 하얀 소복에 긴 머리를 풀어헤친 처녀귀신이 서 있었다. '침대를 바꿔야겠다!'
　그 일을 계기로 원목침대로 바꾸었다. 체중을 이겨내어 줄 크고 묵직한 원목침대는 누우면 땅으로 꺼질듯이 푹신하고 고요했다. '나와 잘 맞는 침대를 고르는 것'은 매일 밤 꿀잠을 선물해 주는 중요한 일이었다. 어떤 사람을 만나는 지가 인생에 중요한 영향을 미치듯이 말이다. 여기 침대를 고를 때 고려해야 할 체크리스트가 있다. 침대를 닮은 사람을 만나고픈 소망도 함께 적어보았다.

"침대를 고를 때 고려해야 할 점은? 체크리스트."

❶ 안전성

침대는 우선 튼튼하고 안전한 제품을 골라야 한다. 계절이 변하며
온습도에 뒤틀림도 없어야 한다. 유해물질을 막아주는 기능성 소재
인지 확인하면 더 좋다.

"내면이 안정적인 사람을 만나고 싶다. 생각에 뒤틀림이 없는 사
람이 좋다. 한동안 연락이 뜸해도 다시 만나면 늘 한결 같은 사람이
좋다. 이 세상에 넘쳐나는 유혹들로부터 나를 막아줄 수 있는 사람이
라면 더 좋다."

❷ 탄력성

침대가 충격흡수를 얼마나 잘하는지 알아봐야 한다. 너무 푹신하
거나 딱딱하기만 하지 않는지도 꼼꼼히 챙겨야 한다.

"회복탄력성이 좋은 사람이 좋다. 얼마든지 무너져도 다시 일어
설 수 있다는 자신감으로 세상을 사는 사람 곁에서 닮아가고 싶다. 너
무 무디거나 자신만을 아는 사람은 피하고 싶다."

생활에서 주로 어떤 도구를 이용하시나요?

얼마나 다양한 용도로 사용할 수 있는지 살핀다. 벙커침대는 놀이 공간으로, 책상이 딸린 이층침대는 학습공간으로 다양한 용도로 분리 사용이 가능한지 살핀다.

"때로는 즐거운 친구처럼, 고민이 있을 때면 진중하게 상의해주는 멘토처럼, 다면체처럼 다양한 면이 있는 사람을 만나고 싶다."

'침대'를 닮은 사람이 있다면 어떨까. 피곤함을 이끌고 집에 돌아오면 포근하게 감싸 안아주는 사람이 있다면 좋겠다. 힘들었던 일과를 궁시렁대도 애써 해결하려 하지 않고 묵묵히 들어주는 사람. 가만히 바라보다 안아주는 사람. 그것만으로도 묵은 체증이 녹아내릴 것만 같다. 기분이 널을 뛰는 날에도 옆에서 우직하게 중심을 잡아주는 사람이면 좋겠다. 소나무 원목 침대처럼 은은한 향기가 풍기는 사람은 또 어떨까. 마중물처럼 던진 화두에 쉬지 않고 대화가 이어지는 교양이 가득한 사람이겠지. 또 변형이 잘 안 되는 고무나무 침대처럼 긴 세월 앞에서도 단단한 밀도로 채워진 관계가 쉽게 변형되지 않는 사이라면 좋겠다. 대충 가격 적정선에 맞춰 구입한 침대가 아닌 오래도록 큰 맘 먹고 구입한 가구 같은 사이는 어떨까. 오래도록 고민하고 어렵게 서로를 얻은 만큼 오래도록 곁에 두고 아껴주는 사람이 되겠지.

오래 세월을 함께한 가구에는 흔적이 남는다. 패인 흔적조차 전부 추억이 깃들어 있다. 아픔도 슬픔도 기쁨도 함께 녹아 있다. 긴 시간을 이겨내며 '대단할 일'도 '대견할 만한 일'도 없지만 평범한 추억들을 함께 꺼내어볼 사람과의 노년을 기대해본다. 나는 가구 같은 사람을 사랑한다.

생활에서 주로 어떤 도구를 이용하시나요?

가방, 잃어버린 걸까?
잊어버린 걸까?

초등학교에 다니는 딸아이가 있다. 성장기인 아이의 발은 한두 달 만에도 금방 자란다. 금세 작아져서 아직 깨끗한 아이의 신발을 들고 요리조리 살펴보았다. 누구나에게도 이런 아담한 신발을 신던 시절이 있었지. 나는 그때 초등학교에 다녔었다. 운동장에서 뜨거운 햇볕을 맞으며 끝날 것 같지 않은 아침조회를 꾹 참고 서있던 작은 아이였다. 운동회 날이면 흰 체육복 주머니에서 오제미를 꺼내들고 앙다문 이로 박주머니를 노리던 아이. 다 따라잡았다 싶었던 계주에 넘어져도 아파서 울지 않고 분해서 울던 아이였다. 운동회가 끝나고 흙먼지와 땀이 흥건한 채로 중국집에 달려갔었다. 짜장면 한 그릇에 '오늘 하루도 행복했다.'로 기록하던 평범한 아이였던 시절이 내게도 있었다.

하루는 엄마 손을 꼭 잡고 남대문시장에 갔다. 장보러 가는 엄마를 따라가는 일이 뭐 그리 신날까 싶지만. 꾹 참고 돌아다니면 언제나 보상이 주어졌다. 수입상가에서 물 건너온 텀블러나 가판대에서 반짝이는 액세서리를 사주셨다. 돌아가는 발걸음에 출출해지면 오백 원, 천원 깎은 돈으로 결국 간식을 사먹었다. 메뉴는 주로 고추장으로 코팅된 떡볶이나 염통을 가득 넣고 빨간 고춧가루로 볶아낸 깻잎 순대볶음이었다. 시장으로 향하는 길이 마냥 신났었다.

남대문행 버스 안에서 문득 엄마를 올려다보았다. 엄마는 몸을 더듬으며 무언가를 다급하게 찾고 있었다. 커다란 엄마의 가방은 늘 물건들로 가득 차있었다. 엄마가 가방에 손을 넣자 마술처럼 손이 가방밖으로 통과했다. 어라? 순간 엄마의 눈동자가 텅 비었다. 수산물 시장 가판대에 누워있던 대구나 명태의 눈빛이었다. 엄마의 커다란 가죽가방은 '말리려고 손질해둔 생선'처럼 배가 갈라져 홀쭉해 있었다. 시장에 가려고 현금을 두둑이 챙긴 가방을 털렸을 때의 당혹감은 평생 잊지 못할 것이다. 그 시절에는 버스나 사람이 많이 모이는 곳에서는 '소매치기'가 흔한 일이었다. 우리는 텅 빈 발걸음으로 집으로 되돌아가야 했다. 찢겨진 엄마의 가방이 슬퍼보였다. 엄마랑 보낼 시간도 함께 잃어버려 서글픔이 배가 되었다. 괜히 발 앞에 보이는 길 위에 놓인 돌멩이를 발로 찼다가 엄마한테 혼이 났다.

그 시절 엄마의 가방 속에는 무엇이 들어 있었을까. 문득 엄마처럼 나이를 먹고 마침내 엄마가 된 나의 가방 속을 들여다보고 싶어졌

생활에서 주로 어떤 도구를 이용하시나요?

다. 가방을 거꾸로 들고 바닥에 탈탈 털었다. 마룻바닥에 부딪치는 소리가 다양했다. 큼지막한 지갑과 물티슈 그리고 손소독제가 먼저 바닥에 닿았다. 전염병의 시대에 살고 있다니 조금 슬퍼졌다. 예전에는 지퍼 달린 장지갑을 썼었는데 지금은 반지갑을 애용한다. 핸드폰 하나만 있으면 어디서든 결제가 가능하니 지갑이 애매해진 것이다. 푼돈을 담아두는 용도일 뿐이었다. 자질구레한 잡동사니들도 나왔다. 흘러내리는 앞머리를 꽂으려고 샀던 나비모양 집게 핀, 즐겨 씹던 껌 종이, 언제 갔었는지 기억나지 않는 영수증과 명함들, 뜻밖의 횡재가 있었다. 잃어버렸다고 생각한 귀걸이 세 짝이 나왔던 것이다. 밖에서 피곤해지면 귀걸이나 손목시계처럼 몸에 걸친 것들을 하나씩 푸는 습관이 있다. 빼고 나면 늘 기억이 나질 않는다. 잃어버린 귀걸이를 다시 사곤 했다.

'어디 숨어 있다 이제야 나온 거니?'

집안에서도 물건들이 사라지는 날이 있다. 리모컨이나 병따개처럼 두 발로 밖을 걸어 나갈 수 없는 물건들이 사라질 때면 조금 난감하다. 옷핀이나 단추처럼 작은 것들이 사라지면 찾을 길이 없다. 딸아이는 작은 실바니안 인형의 집을 가지고 있다. 거기서 가끔 국자나 케이크 접시 같은 작은 식기류가 사라졌다고 소리친다. 메리노튼 작가가 쓴 《마루 밑 바로우어즈》가 생각나는 순간이다. 사람들이 사는 집에는 사람과 똑같은 모습을 한 연필만큼 작은 종족들이 살고 있다.

이들은 숨어 살면서 사람들의 물건을 빌려가는 '바로우어즈'이다. 이 난쟁이들은 까다롭고 오만해서 자기들이 세상의 주인인 줄 안다. 이들은 세대가 바뀔수록 점점 작아져 마루 밑처럼 깊은 곳에 숨어산다. 성냥을 구해다 불을 피우고 골무로 된 냄비에 국을 끓인다. 그들은 사람들의 부엌에서 먹을 것을 훔치곤 이렇게 말한다.

"훔치는 게 아니라 빌리는 거야."

딸아이와 가끔 짓궂은 장난을 친다. 첫째가 아기동생이 테이블 밑에 잔뜩 흘린 음식들을 보며 말한다.

"엄마, 오늘 바로우어즈가 파티하는 날이겠네요. 아기가 음식을 잔뜩 흘려주었잖아요. 오늘은 치우지 말아요."

하루는 양말 한 쪽이 침대에서 사라졌다.

"엄마 바로우어즈가 어젯밤 내 양말을 가져갔나 봐요."

아이는 태연하게 말했다.

"아니 그건 침대 밑에 사는 괴물 짓인거 같은데?"

어른이 나는 한술 더 떠본다. 아이들과 함께 산다는 게 좋아진다. 어른이 되어서도 어린아이의 마음을 마음껏 누릴 수 있으니까. 집에 들어와 어른의 옷차림을 벗어던지면 언제든 아이로 돌아갈 수 있다.

초등학생 언니의 책가방에는 종이접기가 가득 차있다. 나비, 잠자리, 물개, 판다 동물원을 차려도 될 지경이다. 친구와 바꿔온 진귀한 무늬의 종이도 있다. 아끼느라 책 사이에 끼워두었다. 아이는 종이접

생활에서 주로 어떤 도구를 이용하시나요?

기 인형들과 놀며 정이 들었나 보다. 집안에 두면 엄마가 버릴지도 몰라 학교 가방 안에 꽁꽁 숨겨 두었다. 모두 잠이 든 밤이면 나는 가끔 아이 가방에서 종이가 바스락대는 소리를 듣는다. 아마도 종이 잠자리가 날개를 털며 말리고 물개는 수영을 위해 준비 운동을 하나보다. 그때 바로우어즈들이 랜턴을 들고 나타나자 종이인형들은 다시 쥐죽은 듯 조용해지겠지. 나는 잠시 모른 척 눈감아 줄 요량이다. 차갑던 맥주 캔이 진땀 흘리며 식어가던 어느 한 여름날의 밤이었다. 귀여운 아이들과 사는 일이 점점 즐거워진다.

프라이팬,
내가 팬이 된 까닭

사춘기 시절 소녀들은 너나할 것 없이 문구류를 사랑했다. 나는 그 중에서 초록, 노랑, 주황 신호등을 떠올리게 하는 '삼색 형광팬'을 가장 좋아했다. 종이에 대고 일자로 '쓰윽' 그을 때 얼음 위를 미끄러지는 부드러운 느낌이 좋았다. 부러 격자무늬와 물결무늬를 그려보곤 했다. 필기할 때는 주로 '사쿠라 젤리팬'과 얇고 섬세한 'HI-TEC-C 펜'을 애용했다. 이 두 가지만 필통에 있으면 지도를 그리며 필기해야 하는 지리나 세계사 수업도 전혀 두렵지 않았다.

어른이 되고나서 좋아하게 된 팬이 있다. 그것들은 주방 수납장 속에 있다. 음식을 볶을 때 쓰는 프라이팬이다. 나는 언제나 '미니멀리스트'를 꿈꾸지만 팬은 여러 종류를 두고 사용하는 편이다. 일반적으로 둥근 '프라이팬'을 가장 자주 쓴다. 그것들로 에그 스크램블이나 스팸 굽기, 어묵볶음처럼 간단한 음식을 조리한다. 팬 사이즈가 너무

생활에서 주로 어떤 도구를 이용하시나요?

작으면 음식물이 탈출하기 쉽고 반대로 너무 크면 손목에 무리가 오기 쉽다. 보통 24cm 사이즈를 선호하는 편이다. 중간 사이즈 팬은 가스렌지 어느 화구에 올려도 잘 맞는다. 프라이팬은 코팅 방법에 따라 불소수지 코팅, 마블 코팅, 다이아몬드 코팅 등 여러 가지 종류로 나뉜다. 브랜드나 코팅기술에 따라 후라이팬의 몸값이 널뛰기를 한다. 값비싸고 질 좋은 팬을 구매해서 오래도록 쓰는 분들이 있는 반면 나는 매번 저렴한 팬을 구입하는 편이다. 볶고 지지는 요리 특성상 조리 도구에 까지고 긁혀 팬이 자주 손상된다. 편하게 쓰고 미련 없이 버릴 수 있어 좋다. 오랜 고민 끝에 프라이팬도 수세미처럼 교체주기를 짧게 사용하는 방법을 선택했다. 고물을 수거할 때면 짭짤한 용돈 벌이가 되기도 한다.

'불'과 '시간'이 맛을 좌우하는 요리들이 있다. 긴 시간을 졸여야 하는 국물 닭발이나 센 불에 야채를 튀기듯 볶아야 하는 요리는 주로 '웍'을 사용한다. 두텁고 깊이가 있어 재료가 넘칠 걱정이 없어 좋다. '웍'은 부피가 커서 자리를 많이 차지하지만 프라이팬과 어깨를 나란히 할 만큼 자주 쓰이기에 손이 잘 닿는 곳에 둔다.

육고기를 구울 때는 낮은 '무쇠팬'을 사용한다. 무쇠팬은 코팅이 되어 있지 않아 기름칠을 하는 '시즈닝'이 필요하다. 이제 막 은퇴한 거친 종마처럼 길들이기에 예민한 녀석이다. 시즈닝에 실패하면 음식물이 다 눌어붙기 때문이다. 이 녀석은 아령처럼 무겁지만 용광로 같은 팬의 열기에 고기를 한 번 구워 먹어보면…… '지금껏 프라이팬에 구운 삼겹살은 가짜였다'는 기분을 들게 만든다. 겉은 바삭하고 육즙 가득한 속은 촉촉하다. 그 맛을 잊지 못해 무쇠팬에 기름칠을 하며 아끼고 길들이게 된다.

요즘은 계란 팬에 심취해 있다. 어느 날 일일드라마를 보다가 주인공 손에 들린 '저 각 잡힌 네모난 계란말이가 먹고 싶어'라며 인터넷에서 '계란말이팬'을 주문했다. 도착한 팬은 수영장처럼 깊고 네모난 팬이었다. 팬 위에서 젓가락으로 계란을 고슬고슬 섞다가 말아보니 꽁다리 없이 깔끔하게 완성되었다. 엉성한 칼솜씨로 늘 두툼한 계란말이를 터뜨리지만 만드는 과정은 늘 즐겁다.

얼마 전에는 '에그팬'을 들였다. 나무 손잡이에 무쇠로 된 4구 에그팬이었다. 계란만 톡 하고 올려 구우면 순식간에 호텔식 계란프라이를 먹을 수 있을 거라 생각했다. 무척 간단하리라는 기대는 이내 난관에 부딪쳤다. 기름을 먹이는 '시즈닝'이 완벽하지 못한 날에는 계란이 팬에 눌어붙어 타버리기 일수였다. 요리를 시작하기 전에 한 번, 요리가 끝나면 한 번 더 기름을 먹여주었다. 아이들이 '보름달 계란프라이'를 기다리는 눈빛이 점차 간절해진다. 달인이 된 기분으로 정성껏 프라이를 구워내기 시작했다. 그날의 컨디션과 굽는 방식에 따라 계란프라이의 바삭함과 쫄깃함 그리고 노른자의 익는 정도가 달랐다. 나는 이런 과정이 〈붕어빵 타이쿤〉 게임처럼 즐겁기 시작했다. 이러다 너무 빨리 손에 익어 눈감고도 잘하게 되면 어쩌나 슬슬 걱

생활에서 주로 어떤 도구를 이용하시나요?

정도 되었다.

팬으로 요리하는 일은 일종의 즐거움을 주는 '놀이'이다. 재료를 어떻게 조리하는지에 따라 성질과 모양이 천지 차이로 바뀔 수 있기 때문이다. 요리를 하는 순간은 어린 시절로 돌아간 기분이다. 클레이로 원하는 작품을 만들고 흐뭇했던 아이가 된 기분에 사로잡힌다. 간단한 요리 하나로 성취감과 함께 건강도 챙길 수 있는 좋은 취미가 될 것만 같다.

"새로운 요리의 발견이 새로운 별의 발견보다 인간을 더 행복하게 만든다."

앙텔므 브리야 샤바랭이 말했다. 사소한 요리의 발견은 오늘 나를 더 행복하게 만든다.

"새로운 요리의 발견이 새로운 별의 발견보다
인간을 더 행복하게 만든다."

선풍기,
날개달린 것들이
분주해지는 계절

"행복은 미덕을 실천하는 삶, 풍요로운 삶, 지극히 즐겁고 안전한
삶, 재물이 풍족하고 육신이 편안한 가운데 그런 것을 지키고 사
용할 힘이 있는 것이다. 이 중에서 어느 하나 또는 여럿이 합쳐진
것이 행복임은 거의 모두가 동의한다."

《아리스토텔레스 수사학》속의 문장이다. 나는 언제부턴가 이 행
복의 순간이 조금은 두렵다. 극적인 행복이 지나고 나서 마주해야
할 일상이 무거워 더럭 겁이 난다. 행복의 순간은 대개 조악하고 너
무도 빨리 꺼져버리는 생일 케이크에 촛불 같다. 살아내야 하는 삶
은 너무도 기나긴데 짧게 타오르는 행복이 상실의 슬픔까지 달고 오
니 말이다.

요즘 나는 뜨뜨미지근한 행복이 좋다. 선풍기로 강풍을 조절하듯

엄마의 삶에도 문진표가 있나요?

행복의 강도를 조절할 수 있다면 내게 어울리는 풍속은 '미풍바람'일 것이다. 아기의 이마에 송골송골 맺힌 땀방울을 입으로 후후 불어 식혀주는 정도의 행복감이면 만족하고 살 수 있다. 두려움 없이 일상으로 돌아가 즐겁게 일할 수 있다. 나는 강렬한 행복이 조금 두렵다.

인생은 꼭 행복해야만 하는 걸까. 아기들은 어렸을 때 "아니"를 먼저 표현한다. 부정적 언어를 통해 본인의 의사를 나타내는 것이다. 살면서 돌이켜 보면 부정적인 감정들은 불편하지만 때론 내게 도움이 되곤 했다.

중학교 시절 담임선생님은 아이들을 성적순으로 무시했다. 선거에서 반장으로 뽑힌 나를 두고 선생님은 한심하다는 눈빛으로 말씀하셨다. "쟤는 공부를 못하니까 반장이 될 자질이 없다. 그러니까 이 투표는 무효야, 다시 해."라고. 우리 반에는 "전교 일등"이 있었기 때문이다. 재투표를 하고 또 다시 반장으로 뽑힌 나에게 일그러진 얼굴로 임명장을 집어던지듯 전달했다. 선생님을 향한 경멸의 복수심은 새벽 세 시에 눈 비비고 일어나 공부하게 만드는 원동력이 되었다. 눈가에 물파스를 바르며 눈물을 흘리기도 하며 졸린 나와 치열하게 싸웠다. 어른이 된 지금은 오히려 선생님께 깊이 감사함을 느낀다. 선생님은 다 계획이 있으셨던 것이었다.

대학교에 가면 다 예뻐지는 줄 알던 순진한 시절도 있었다. 그때 옷을 잘 입는 친구가 있었다. 유행하는 아이템도 아닌데 그 친구가 걸

생활에서 주로 어떤 도구를 이용하시나요?

치면 묘한 분위기가 흘렀다. 길고 가느다란 몸매까지 완벽한 아이가 내 친구라니 뛸 듯이 좋으면서 한편으로 미웠다. 다른 사람이 불행할 때 뇌에서 느끼는 불편한 기쁨, 이 기쁨을 '샤덴프로이테'라고 한다. 그래서 나는 기도했다. '너무도 완벽한 그녀에게 얼빠진 남자친구를 선물해 주세요.' 젊은 나날의 뒤틀린 질투와 시기였다. 마음속으로 했던 지독한 질투는 오히려 나의 부족한 센스를 끌어올리는 동기가 되어주었다. 은근한 질투도 때로는 그리 나쁘지 않았다.

첫눈에 반한 연인와 결혼을 하고 어느덧 두 아이의 부모가 되었다. 사랑스러운 아이는 마치 신의 선물 같았다. 아이가 소중할수록 몰려드는 두려움과 불안은 아마도 그 선물의 대가인 것 같았다. '지키고 싶은 것'이 있다는 마음은 '잃고 싶지 않다'는 마음으로 흘렀다. 아이를 키우며 내내 불안했다. 아이가 '현재' 잘 크고 있는 건지 두려웠고 '미래'에 어떤 사람이 될지 불안했다. 이런 불안감은 생존의 신호등이라고 한다. 위험 상황을 감지하고 대처해야 할 때를 알려주는 무의식의 신호체계. 늘 머리 위에 레이더를 켜고 아이의 반응과 감정을 살펴봐 준 덕분인지. 첫째는 지금 누구보다 반짝반짝 빛을 내며 예쁘게 성장하고 있는 중이다. 자식을 키울 때 종종 찾아오는 불안감은 아마도 '잘 키워내고 싶다'는 엄마의 욕심을 보여주는 건 아닐까. 나는 이 부정적인 감정 친구들을 더 이상 불편해하지 않고 잘 사귀어 보기로 결심했다.

《밤은 선생이다》라는 책 제목이 떠오른다. 되돌아보면 나는 어두운 밤길을 걸으며 더 많은 걸 배웠다. 엄마의 뱃속도 깜깜했다. 그러나 아기에게는 따뜻한 안정감을 주었을 것이다. 늘 배를 쓸어주는 손길과 엄마의 음성이 있었기에. 부모는 아이들에게 그런 안정감을 선물해 주고 싶다. 세상 속에서 싸우느라 지친 날에는 어깨를 쓸어주며 다정한 말을 걸어주고 싶다. '이 세상에 있는 언제나 너의 편' 한 사람이 주는 용기가…… 아이를 다시 일으킬 거라 믿어본다.

"아가야, 엄마는 슬픔 속에서 다른 이의 아픔을 헤아리는 방법을 배웠단다. 놀라움은 세상을 향한 관심을 일으켰고. 화남은 나쁜 감정을 털어내는 방법을 알려줬지. 공포는 긴박했던 상황에서 대비해야 한다는 경각심을 일깨워 줄 거야. 혐오와 경멸은 거친 세상 속에서 자신을 보호하려는 여린 마음임을 알아두렴. 밤은 춥고 깜깜할 거야. 그래서 신이 엄마를 이 세상에 보내준 거지. 엄마도 아직 밤길을 거닐고 있어서 저 밖에 무엇이 있는지 잘 몰라. 하지만 우리 함께 손을 맞잡고 힘을 내어 가보자. 언제나 그림자만큼 뒤에 엄마가 서 있을게. 아가야, 네가 엄마에게 와 준 순간처럼 다시 한 번 힘을 내어주렴…… 환한 세상이 널 기다리고 있단다."

생활에서 주로 어떤 도구를 이용하시나요?

마음 진단 올림픽

심심풀이 문진표를 풀고 나의 상태를 진단해보세요.

테스트

어느 날 내 사연이 라디오에 소개되어 경품에 당첨되었다. 1등 상품은 무엇일까?

❶ 최신형 무선 청소기
❷ 체인 레스토랑 1년 무제한 이용권
❸ 제주도 항공권
❹ 현금 천만 원

결과발표

혼자 여행을 떠난다면 이곳에서!

1. 최신형 무선 청소기

청결하게 정돈되고 사람이 많지 않는 곳을 좋아하는 당신에게 딱 맞는 장소로 호캉스를 추천합니다. 낮에는 레일을 따라 수영을 하고 밤에는 라운지에서 달콤한 디저트는 어떠세요? 시공간을 초월하는 고전문학 책 한 권과 함께라면 시간은 순삭. 당신에게는 쉼이 필요해요.

2. 체인 레스토랑 1년 무제한 이용권

조금을 먹더라도 미식을 즐기는 입맛 까다로운 당신에게 딱 맞는 장소로 템플스테이를 추천합니다. 고요한 산사에서 보내는 혼자만의 시간은 당신의 삶을 돌아보게 할 거예요. 정성스레 만들어진 사찰음식을 꼭꼭 씹어 삼키며 지친 당신의 기력을 회복하는 건 어떠세요?

3. 제주도 항공권

익사이팅한 모험을 즐기는 당신에게 딱 맞는 장소로 섬 여행을 추천합니다. 배낭 백 하나에 하이브리드 캠핑 장비를 꾸려서 산에 올라보세요. 캄캄한 밤하늘에 쏟아지는 별들을 구경하며 마시는 커피 한 잔. 당신에겐 아이 같은 호기심을 일으켜 줄 동심이 필요해요.

4. 현금 천만 원

편리함과 합리적인 소비를 좋아하는 당신에게 딱 맞는 장소로 한옥에서의 하룻밤을 추천합니다. 솔솔 바람 부는 대청마루에 앉아 풍욕을 즐겨보시는 건 어떨까요? 열정적인 당신에게 우주의 기운과 에너지가 필요합니다.

생활에서 주로 어떤 도구를 이용하시나요?

2. 명치가 쓰리고
소화가 잘 안 되시나요?

여럿이서 수다를 떨 땐
찰옥수수

푹푹 찌는 더위가 찾아왔다. 올 여름 더위는 열섬현상이 더해져 유난스럽게 느껴졌다. 하루는 운전을 하다가 아스팔트 위에 핀 아지랑이를 발견했다. 타이어를 녹일 정도로 대단한 열기였다. 속도를 내어 얼른 빠져나가고 싶던 그때였다. 길가에 알록달록한 파라솔을 꽂은 옥수수 트럭을 발견했다. 압력솥에서 옥수수를 막 삶아 건져내어 수증기가 모락모락 피어 있었다. 여름철 옥수수 장수를 만나면 꼭 한 봉지를 사고야 만다.

옥수수를 건네는 아저씨의 목수건 아래로 연신 땀이 흘러내렸다. 생계도 생계지만 이글거리는 길 위에서 장사하시는 분들의 건강이 염려되었다. 가만히만 있어도 몸에서 육수가 나오는 계절이 아니던가. 시원한 에어컨이 나오는 차 안에서 옥수수를 받아드는데 감사하고 미안한 마음이 뒤섞였다. 봉지 안에는 옥수수 세 개가 나란히 머리를 맞

엄마의 삶에도 문진표가 있나요?

비바람에 흔들리고 햇볕을 견디며 지켜낸
알맹이 같은 자식들이 그저 무럭무럭 자라나길 바라본다.

대고 서있다. 귀여운 병아리처럼 노란 옥수수도 예쁘지만 거뭇한 알갱이가 섞인 찰옥수수도 즐겁다.

'옥수수를 쉽게 먹는 방법을 아시나요.'

이가 튼튼한 어릴 시절에는 옥수수를 갈비처럼 뜯어 먹었다. 사람들의 눈을 신경 쓸 나이가 되자 깔끔하게 먹는 방법을 고민하기 시작했다. 손가락으로 알맹이를 뽑아 먹기 시작했다. 처음 한 알 그게 참 힘들었다. 빼곡히 차있는 알갱이들은 든든한 군사들처럼 완전무장하고 있었다. 충치를 뽑아내는 치과 의사처럼 옥수수 한 알을 공들여 뽑았다. 다음 차례는 쉬웠다. 든든한 친구를 잃어버린 옥수수 낱알들은 힘없이 한 줄로 드러눕기 시작했다. 어찌 보면 사람과도 비슷한 것 같다. 주변에 있던 좋은 사람들을 갑자기 잃은 사람들은 무너지기에도 쉽다.

옛날 어느 마을에는 죄수를 마을 밖으로 영영 추방하는 형벌을 내렸다. 한 사람이 성장하며 알고 지내던 모든 사람들로부터 외면당한 채 이방인으로 살게 하는 벌이었다. 이는《그림자를 판 사나이》책을 떠올리게 한다. 주인공인 페터 슐레밀은 '행운의 자루'를 받고 악마에게 그림자를 판다. 그림자는 단지 발밑을 비추는 형상일 뿐이라는 생각으로 쉽게 결정을 내리지만 이후 슐레밀의 삶은 깊은 나락으로 추락한다. 사람들은 그림자가 없는 슐레밀을 괴물취급하며 피하기 시작했다. 그는 원하는 것을 돈으로 살 수 있었지만 더 이상 이 세상에

엄마의 삶에도 문진표가 있나요?

존재하지 않는 사람이 되어버렸다. 그가 잃은 것은 단순한 그림자가 아닌 사람들과 어울리며 살아가는 사회적인 삶과 존재의 이유 전부였던 것이다. 사람들로부터 외면당한 삶은 고대 사람들에게 두려움을 주었던 것이다.

고독한 날이면 옥수수가 생각났다. 어릴 적 엄마 손을 잡고 오일장에 가곤 했다. 시장에선 바로 튀겨주는 강냉이를 사먹을 수 있다. 묵은 쌀이나 콩을 들고 가서 튀기면 언제나 따뜻하고 바삭한 간식이 되어주었다. 증기를 뿜어내던 대포 같은 기계의 뻥 소리를 들으면 가슴이 어찌나 후련하던지. 터지기 전에 긴장감은 한 입 가득 물은 뻥튀기와 함께 입속에서 사르르 녹아내렸다. 강냉이는 늘 엄마랑 함께 나눠 먹었다. 옥수수처럼 키가 쑥쑥 자라 성인이 되었다. 그때 팝콘을 맛을 알게 되었다. 친구들과 주말에 영화를 볼 때면 꼭 팝콘을 시켰다. 네모난 상자에 나오는 미국식 뻥튀기라고 할까. 버터를 잔뜩 발라 멋을 낸 유학생 같았다. 팝콘은 늘 친구들과 함께하는 아이템이었다. 옥수수는 어느샌가 좋아하는 사람들과 함께 나누는 간식이자 정이 되었다.

얼마 전 딸아이의 앞니가 하나 빠졌다. 아이는 옥수수로 하모니카를 불겠다며 연신 침을 묻혔다. 그러다 멋쩍은지 씨익 하고 웃는데 마치 이빨 빠진 옥수수 같았다. "너 요녀석 양치 열심히 안하면 이빨요정이 누런이를 가져다줄지도 몰라!" 하고 으름장을 놓는다. 그러곤 옥수수 한 알을 앞니에 냉큼 끼웠다. "자 봐봐 어때, 이렇게 되면 안 되겠지? 오늘부터 양치 열심히 하자!" 과연 효과가 있을지 모르겠다. 양치보다 몰려오는 졸음이 더 무서운 나이 아니던가. 앞니에 옥수수를 끼운 엄마는 오늘도 아이를 한 번 더 웃기는데 성공했다. 비바람에 흔들리고 햇볕을 견디며 지켜낸 알맹이 같은 자식들이 그저 무럭무럭 자라나길 바라본다.

나물이 번거롭다면
브로콜리를 무쳐봐

독서를 하면 묘한 호기심에 사로잡힐 때가 있다. 소설 속에 등장하는 요리가 먹어보고 싶고 또 음악은 찾아서 듣고 싶다. 주인공이한 입 베어 물자 입안에서 팍 터지던 조개튀김은 무슨 맛이었을까? 북한에서 갑자기 귀한 명령을 받은 스파이가 자동차 안에서 듣던 부에노 비스타 소셜 클럽은 어떤 음악일까? 쿠바는 아르헨티나 출신 체게바라가 이상적인 사회주의를 향해 혁명을 일으켰던 근원지이다. 귀환 명령을 받은 북한군 스파이가 듣고 있던 건 바로 쿠바의 음악이었다. '역시 작가들은 소설 속에 작은 소품 하나도 그냥 등장시키지 않는구나……' 디테일을 알고 보니 경탄할 지경이다.

50년 전 쿠바에는 유명한 회원제 클럽인 '부에노 비스타 소셜 클럽'이 성행했다. 그곳에서 한 시절을 주름잡았던 뮤지션들은 클럽이문을 닫게 되자 거리로 쏟아졌다. 오랜 세월이 지난 후 미국의 유명

명치가 쓰리고 소화가 잘 안 되시나요?

요리는 흙투성이 재료들을 손질해 찌고 삶고 굽고 튀기고는 과정의 반복이다.
선반 위에서 가장 예쁜 그릇들을 꺼내어 올려 먹는 일은 하루의 절정이 된다.

한 기타리스트는 원년 멤버들을 수소문하며 밴드를 복구하기 시작했다. 어느 연주자는 화려한 금관 악기를 잡던 손으로 구두를 닦으며 근근이 생활을 이어왔다. 또 어떤 이는 오랜 무관심 속에서 이미 세상을 떠난 후였다. 1966년 우여곡절 끝에 찾아낸 멤버들과 단 6일간의 즉흥녹음으로 완성하게 된 이 앨범은 전 세계적인 사랑을 받게 된다.

녹슬고 무뎌진 연주 실력을 가다듬은 그들이 마침내 무대에 오른다. 그 장면을 촬영한 영상을 보는 내내 심장이 나풀거렸다. '연주자님들 떨지 말고 잘 해내 주세요!' 어렵게 다시 뭉친 연주자들을 응원하는 마음이었다. 이내 인생의 종착역에 도착한 듯 보이는 노인들이 악기를 들고 연주를 시작했다. 피아노 건반 위에선 마르고 주름살 가득한 손가락이 나이를 잊은 채 빠르고 민첩하게 움직였다. 연주를 하는 게 아니라 춤을 추고 있는 듯 보였다. 마치 어릴 적부터 이 순간을 위해 단 하나의 칼날을 갈아온 듯 날카로웠다.

생이 제멋대로 흘러가는 동안에도 그들은 음악을 뜨겁게 사랑했다. 그걸 지켜보는 쿠바인들에게도 음악은 애국심과 맞먹는 열정이었다. "누군가는 죽음의 끝자락에 서있는 노인이라 말하지만 우리에겐 아직 희망이 남아 있다. 우리가 좋아하는 음악을 하며 생을 좀 더 즐기다 가고 싶다"고 그들은 말한다.

부엌에 있는 오디오에서 부에노비스타 음악이 흘러나왔다. 음악에 얽힌 사연을 떠올리니 또 다른 매혹으로 다가왔다. 카네기 홀에 오르던 연주자들의 식지 않는 열정이 주방을 뜨겁게 달구었다.

'고단했던 오늘 하루, 식지 않는 열정으로 나를 위한 밥상을 차려야지!'

시장에서 브로콜리 하나를 천오백 원에 사왔다. 매대 위에 쌓여 있는 브로콜리는 항공사진으로 내려다 본 맹그로브 숲처럼 풋풋했다. 성장을 마친 녀석의 몸값을 너무 헐값에 사들고 온 것 같아 미안했다. 식탁 제일 가장자리에 주인공으로 올려야겠다. 오늘 점심은 브로콜리로 조물조물 나물을 무쳐봐야지.

브로콜리를 다듬는데 몸통이 통나무처럼 꽤나 단단하다. 압정을 박을 때 망치로 써도 될 것 같았다. 몸통 표면이 왁스를 입힌 듯 매끈하다. 브로콜리의 트레이드마크 머리는 마치 인조잔디를 깔아 놓은 것 같다. 옛날 아이들의 코 묻은 동전을 십 원 한 장까지도 확인하던 동네 구멍가게 아저씨의 곱슬곱슬한 파마머리를 닮았다.

이제는 씻을 차례이다. 칼로 머리 부분의 풍성한 가지를 다 쳐내고 바락바락 씻는다. 속을 알 수 없기에 자르고 안쪽까지 씻어내야 한다. 왠지 미용사가 된 기분이 든다.

'손님, 오늘 머리 모양은 마음에 드시나요? 감겨드릴게요…… 이쪽으로……'

머리를 잃은 브로콜리 몸통은 길가의 앙상한 가로수를 닮았다. 손에 쥐고 먹기 쉽도록 스틱으로 자르는데 억세도 너무 억세다. 오른손으로는 칼자루를, 왼손으로는 칼등을 지긋이 눌러준다. 손바닥 감각

수용돌기에 빨간 불이 들어왔다. 칼 등을 거센 압력으로 누르던 손이 욱신거렸다. 서걱 잘린 단면 사이로 맹그로브 숲의 향기가 사방팔방 흩어진다.

냄비 안에는 소금을 한 꼬집 넣은 물이 의기양양하게 끓고 있다. 각목처럼 길게 썬 몸통부터 넣는다. 드라마에서 보면 늘 억센 녀석부터 못 잡아 안달이다. '한 놈만 잡아 족친다……'는 느낌으로 풍덩. 야채의 생애도 드라마와 다르지 않나보다. 보들보들한 브로콜리 머리는 고운 외모에 고분고분한 성격을 가졌으니 맨 마지막에 넣어준다.

데쳐진 브로콜리는 물기를 탈탈 빼준다. 오목한 볼에 소금, 후추, 매실청, 참기름 똑똑 흘려서 무쳐낸다. 고추장을 넣은 시금치를 무칠 때처럼 바락바락이 아닌 세 손가락만으로 조물조물이다. 어여쁜 파마 머리가 풀릴 수 있으니까. 특별히 조심해서 무쳐드린다.

'그럼, 이제 시식을 해볼까?'

팔다리가 다 잘려나가 볼품없던 브로콜리의 몸통은 뜨거운 고난을 이겨 낸 후 달달함이 배가 되었다. 입에 넣고 씹으면 채즙이 흘러넘쳤다. 단단한 땅속을 뚫고 나오던 순간, 처음 햇볕을 맞으며 광합성하던 설렘, 한 여름에 흘린 땀방울들이 채소 속에 집결되어 있었다. 브로콜리의 머리는 진한 녹색 빛으로 탄탄하게 잘 익었다. 곱슬곱슬한 컬이 혓바닥에서 돌기들과 만나 하나하나 인사를 건네왔다. 참 보드랍고 재미있는 식감이다.

명치가 쓰리고 소화가 잘 안 되시나요?

압력솥을 열고 수증기를 잔뜩 머금은 흰 쌀밥을 퍼올린다. 기름을 두르고 밥을 지은 듯 윤이 났다. 흰 쌀밥 한 수저에 브로콜리 나물을 올려 한 입 꾸울꺽. '아베마리아!'. 카스트 제도 밑바닥에 납작 엎드린 불가촉천민 같던 지난날들이 떠오른다. 아무리 열심히 해도 티나지 않는 집안일은 잘 보이지 않는 누군가의 희생으로 유지된다. 밥벌이가 삶의 고단함이라면 집안일은 보이지 않는 희생과 사랑이다.

'요리는 땀 흘린 노동에게 내어주는 가장 정직한 품삯이다……'
요리는 흙투성이 재료들을 손질해 찌고 삶고 굽고 튀기고는 과정의 반복이다. 선반 위에서 가장 예쁜 그릇들을 꺼내어 올려 먹는 일은 하루의 절정이 된다. 온전히 스스로의 힘으로 차려낸 밥상을 받게 될 나날이 앞으로 얼마나 남았을지 되돌아본다. 요리를 하며 삶이 선물로 내어주는 잔잔한 기쁨을 주워본다.

돼지수육 위에
조개젓 올려 한 쌈만

혹한기 겨울이 돌아왔다. 온몸이 차돌처럼 차가운 날이면 생각나는 음식이 있다. 따끈한 돼지국밥이 담긴 뚝배기에 흰 쌀을 말아 먹으면 살 것 같았다. 호호 불어 후루룩 넘기면 뒷목까지 뜨끈해지는 기분이 든다. 살갗이 베일 것 같은 날카로운 겨울바람을 피해서 골목길 식당으로 들어갔다.

"이모님, 저 여기 돼지국밥 특으로 주세요!"

식탁 위에 깔린 밑반찬을 집어 먹을 때 식당 아주머니가 다가왔다. 그녀는 짧은 보폭으로 종종걸음 치며 걸어와 돼지국밥을 무심히 툭 얹곤 연기처럼 사라졌다. 뚝배기는 살기를 띤 것마냥 맹렬한 기세로 끓어댔다.

명치가 쓰리고 소화가 잘 안 되시나요?

허여멀건 한 국물이 끓어오르던 파도에서 뿌연 수증기가 솟아났다. 맑은 간장과 고춧가루만으로 버무린 부추무침을 한가득 집어 국물 속에 넣는다. (되도록 뜨거운 국물이 식기 전에 자비 없이 풍덩 담근다.) 부드러워진 부추는 국물 맛을 한층 끌어올린다.

국물의 기세도 한풀 꺾이고 나면 부드러움의 향연이 시작된다. 한 수저 옅게 떠서 후후 불어 마시는 국물은 텅 비어 울렁이던 속을 달래준다. 뼛속 깊숙한 곳에서부터 우려져 나온 눅진한 국물은 젤라틴의 묵직함으로 균형을 맞춘다.

'진정 이게 돼지를 우린 국물에서 나온 맛일까……'

한 수저 두 수저 음미하며 삼킬 때마다 콧잔등에 땀방울이 송골송골 맺히기 시작한다.

이제 공기밥을 열어볼까. 하얗게 고슬고슬 잘 익은 쌀알이 표면장막을 이룬 듯 밥그릇 위에 수북이 쌓였다. 공기밥 뚜껑은 뒤집어 상 위에 올린다. 뚝배기에서 두툼한 고기 조각들을 건져 뚜껑 위에서 식힌다. 아담한 종지 안에는 무른 갑옷을 입고 살이 오른 새우젓이 담겨져 있었다. 새우젓 한 마리를 집어 고기와 함께 입안으로 직행한다. 마치 상추쌈 위에 삼겹살을 싸듯이 넓적한 수육의 절단면 위에 소인국에서 온 작은 새우젓을 올렸다.

엄마의 삶에도 문진표가 있나요?

'수육 한 점, 우주 대폭발의 맛……'

입안에서는 시간차 공격이 이어졌다. 짭조름한 새우젓이 먼저 톡 하고 터졌다. 그 다음은 고소한 돼지비계와 껍질의 쫄깃함이 몰려왔다. 이 사이로 서걱서걱 고기를 씹어 댈수록 진한 육즙이 퍼져나갔다. 국물 안에서 토렴한 밥알이 씹을수록 단맛을 가미한다. 음식을 진지하게 음미하는 이 순간 생생하게 삶을 살아내고 있다는 기분이 들었다.

이제 곧 바닥이다. 뚝배기의 검은 속내가 드러날 때 쯤 돼지고기의 누린 맛이 느껴진다면…… 기다란 마늘종과 얇게 편을 썰은 청양고추를 곁들여 더욱 알싸하게 먹는다. 가끔 중국산 마늘을 잘못 씹는 날에는 눈물이 핑 돌곤 한다.

'테이블에 혼자 앉아…… 뜨끈한 국물 한 수저를 마시고 바로 털어내는 차가운 소주 한 잔'

영롱한 비취색의 차가운 소주병이 보석 같은 진땀을 다 흘리기 전에……
뜨끈한 뚝배기의 국물이 다 식기 전에……
얼른 한 수저 호로록 삼키고 꿀꺽……
한 잔 더 꽐꽐꽐……

명치가 쓰리고 소화가 잘 안 되시나요?

뱃사공을 홀리는 바닷속 인어아가씨들마냥 꼬리치는 새우젓이 기름기로 보돌보돌한 수육 위에서 유혹한다…… 한 쌈…… 한 쌈만 더.

눈이 오지 않는 겨울. 살갗을 파고드는 칼바람이 유독 춥고 공허한 날이면 국밥이 떠오른다. 펄펄 끓어대는 돼지국밥의 수증기와 식당 안 사람들의 숨결은 유리창을 온통 하얗게 뒤덮었다. 국밥 한 그릇을 비우는 사이에, 올 겨울 기다리고 기다리던 눈이 내린다.

내 마음을
일으켜주는 미역국

어린이날이었다. 책가방을 정리하던 아이가 수줍게 미역을 내밀었다. 담임선생님께서 반 아이들을 위해 직접 고르신 선물이라고 했다. 아이의 작은 두 손에는 잘 말려진 귀여운 하트 모양 미역이 있었다. 그 미역을 받아들자 산후조리를 하며 먹었던 미역국들이 떠올랐다. 홍합미역국, 들깨미역국, 닭고기미역국…… 그 시절 이 세상에 존재하는 모든 미역국은 다 먹어본 것 같았다. 산모들이 질리지 않게 메뉴를 고민한 배려가 엿보였다. 그러나 어쩐지 모두 다 같은 '미역국' 같았다.

아기를 데리고 집으로 돌아가는 순간에도 평생 먹을 미역국을 전부 다 먹었다는 기분에 조금 신이 났다. 아이를 둘쯤 낳으니 미역국이 꼴도 보기 싫었다. 세월이 흘러 학교선생님께서 보내주신 미역을 들고 있으려니 코끝이 찡해졌다. 품안에 들어오지도 않던 자그만 생명

명치가 쓰리고 소화가 잘 안 되시나요?

체가 어느덧 자라서 초등학생이 되었다니 또 다른 감동이 밀려왔다.

오늘은 아이의 생일이기도 했다. 산후조리원을 나오며 다시는 미역국을 안 먹어도 될 줄 알았지만 아니었다. 매년 부지런히 가족들의 생일날이 돌아왔기 때문이다. 생일 아침이면 어김없이 미역국을 한 솥으로 끓인다. 미역을 들들 볶은 고소한 냄새가 집안 가득 퍼져서 절로 따뜻해졌다. 요즘은 집에서 끓인 미역국이 제일 맛이 있다. 그동안 열심히 자라준 딸아이를 위한 미역국을 끓여야겠다.

바닷바람을 맞으며 잘 마른 미역은 하트 모양으로 잔뜩 웅크리고 있었다. 요리조리 돌려보다가 커다란 솥에 물을 채워 불렸다. 솥에 물을 받으니 창문 위에서 토독토도독 떨어지던 빗소리가 났다. 잠시 후 집안일을 하다가 냄비 앞에 돌아오니 입이 쩍 벌어졌다. 몸집이 불어난 미역은 한 무더기의 늪지괴물이 되어 있었다. 미역을 한 움큼 쥐어보니 촉촉하고 매끈한 감촉이 부드러웠다. 언젠가 제주도 바다에서 헤엄을 치다가 발등을 휘감는 미역부락을 만났으면 참 좋겠구나 생각했다.

미역을 손질하다가 어젯밤 아이와 함께 본 다큐멘터리가 떠올랐다. TV 화면 속에는 하늘을 보고 누워 털 고르기 중인 해달이 나타났다. 강아지처럼 복슬하고 촘촘한 털이 나 있었다. 해달은 털옷이 있기에 물속에서도 한기를 피할 수 있다고 한다. 그러나 해달에게는 부력을 위한 지방층이 몸에 없었다. 수영에 익숙지 못한 아기들은 물속

엄마의 삶에도 문진표가 있나요?

에 빠지거나 떠내려가기도 한다. 부모 해달들이 먹이를 구하러 나가면 아기들은 미역 이불을 몸에 둘둘 말고 온종일 매달려 있는다. 코르크 마개처럼 물 위를 둥둥 떠다니는 아기 해달의 모습이 너무도 사랑스러웠다.

미역은 해달에게도 인간들에게도 고맙고 소중한 존재였나 보다. 나는 독립을 한 후 지금까지 일곱 번의 이사를 했다. 이곳저곳 타지를 떠도는 와중에도 생일날이면 언제나 미역국을 호호 불어 먹으며 가족들을 떠올렸다. 어른이 되자 어지간히 친한 사이가 아니면 먼저 생일이라 말을 꺼내는 게 어려웠다. 편의점에서 사 온 '3분 미역국'을 혼자 끓여 먹은 적도 있었고, 회식자리에 반찬으로 나온 미역국을 남몰래 원샷 하기도 했다. 매년 생일마다 따끈한 미역국을 배에 둘둘 말고 버틴 덕분에 세상 풍파에 휩쓸려 나가지 않고 잘 지낼 수 있었다.

'말린 미역이 봉지에 담겨지기 전에는 어떤 모습이었을까?'

바닷속 미역의 모습은 마치 거대한 신도시 같았다. 고층 건물처럼 길게 늘어선 미역기둥은 바다에 매달려 물살에 흔들렸다. 미역을 헹구는 다섯 손가락 사이에서도 초록기둥이 하늘하늘 춤을 췄다. 한 줌 들어 올리니 바다의 짠내와 비릿함이 코앞에 몰려들었다. 가위로 숭덩숭덩 잘라 들기름과 간장, 그리고 다진 마늘 한 수저를 넣고 볶으면 세상 꼬순 냄새가 나기 시작한다. 간단한 손길만으로도 모습과 냄

명치가 쓰리고 소화가 잘 안 되시나요?

새가 달라지는 식재료가 세상 또 있을 수 있을까 생각했다. 아무래도 미역은 나쁜 남자 스타일인가보다. 밖에서는 거칠고 비릿한 상남자지만 내 앞에서만 유연하고 보드랍게 돌변하는 남자. 게다가 이 남자 매끈하기까지 하다. 미역국을 끓이다 별생각을 다한다.

'미역국 좀 더 맛있게 끓일 순 없을까?'

해달의 엉뚱함이 귀여운 만화가 유행한 적 있다. 주인공 '보노보노'는 배 위에 조개를 올려두고 돌로 퉁퉁 내리쳐 깨먹었다. 어릴적 종종 엄마가 조개를 넣고 시원하게 미역국을 끓여주면 조개를 깨는 보노보노가 떠올랐다. 조개나 생태를 넣고 시원한 미역국을 끓이고 싶지만 해산물＋해산물 조합은 좀처럼 어려운 숙제이다. 무랑 대파를 깔고 희멀건하게 끓인 생태탕, 동태탕, 대구탕, 복지리 등의 맛은 군더더기 없이 깔끔하고 시원한 맛이 난다. 문제는 집에서 끓이면 실패하기 쉽다는 것이다. 잘못 조리하면 생선이 목욕하고 간 물처럼 끝맛이 비릿했다. 그 비릿함은 목 깊숙한 곳에서 울대를 치는 맛이다. 이럴 때 요리 고수들은 아찔하게 외줄타기를 하듯 비릿함과 감칠맛 사이에서 맛의 균형을 잡아낸다.

오늘도 역시 손쉬운 소고기 미역국을 끓여야겠다. 오래 끓여 뽀얗게 우러난 국물은 전날의 숙취가 몰려와도 뜨끈한 편안함으로 다독여준다. 고기를 넣었을 뿐인데 맛의 층위가 달라진다. '그래서일까?'

언제부턴가 국을 끓이면 고기가 당연한 듯 주인공 자리를 차지했다. 감자와 애호박 넣고 송송 끓인 된장찌개에는 차돌박이, 다시마 한 장 넣고 무국을 끓여도 양지고기, 김치찌개를 끓일 땐 두툼하게 자른 돼지고기가 필요하다. 고기가 나의 서툰 요리솜씨를 몰래 숨겨준 덕분에 '조미료 안 쓰는 게 어디냐'며 스스로 칭찬해 본다.

돌아오는 여름에는 보드랍고 쫄깃한 미역에 아삭한 오이를 채 썰어 미역냉채를 해야겠다. 식초를 똑똑, 얼음을 동동 띄워 쨍한 더위에 머리가 어질할 때쯤 한 사발씩 꺼내어 홀짝홀짝 마셔야지. 한 여름을 깔고 앉은 캄캄한 밤하늘은 어떤 얼굴을 하고 있을까.

명치가 쓰리고 소화가 잘 안 되시나요?

하얀 눈발이 내리는
백설기

기록적인 폭설이 내린 날이었다. 실제로 이날 모스크바의 기온이 서울보다 더 따뜻했다. 북극발 한파가 절정에 달했던 것이다. 춥다고 외출을 안 할 수가 있나. 작은 인형들을 품은 마트료시카 인형처럼 겉옷을 겹겹이 꺼내 입었다. 너무 욕심껏 껴입었는지 바지에 다리통이 꽉 끼었다. 걸음을 걸을수록 자꾸 내려가려고 하는 바지 지퍼와 견디려는 버클의 싸움이 시작됐다. 올 겨울 뱃살은 다 코로나 때문이다.

현관문 열고 길 위에 나서자 눈이 시큰거렸다. 차디 찬 바람 때문에 혹은 온 동네를 하얗게 뒤덮은 반짝이는 눈 때문이었다. 만기출소자처럼 잔뜩 찡그린 눈으로 서서 바라보는 눈 덮인 세상은 희고 아름다웠다. 매일 걷는 거리가 새로운 시공간으로 이동한 것만 같은 낯섦음이었다. 소복이 내린 눈을 밟으며 좀 더 걷고 싶어졌다.

간밤에 내린 폭설은 공사장도 쉬게 만들었다. 일을 멈춘 타워 크

엄마의 삶에도 문진표가 있나요?

레인과 장막들이 바람을 맞으며 짐승 같은 소리로 울어댔다. 대낮에 하늘을 울려오는 짐승소리에 어딘가 으스스했다. 하루아침에 달라진 동네 풍경에 사람들은 어리둥절한지 고개를 돌리다 서로 눈이 맞았다. 미끄러운 고갯길을 오르다 운전을 포기한 차량들은 술에 취한 사람처럼 도로 곳곳에 드러누워 있었다. 어젯밤 아이들에게 행복이었던 눈은 더럽고 꼬질꼬질하게 녹아 어른들에게 골칫거리가 되었다.

한참을 돌아다니다 보니 손가락이 마른 나뭇가지처럼 뻣뻣하게 굳었다. 두 손으로 어루만진 두 귀는 면도날 같은 통증이 아려왔다. 그때 그 날처럼. 춥고 폭설이 내리는 날이면 왜 그 여자를 떠올리는지 모르겠다. 무기도 없이 뒤돌아선 나를 향해 등에 칼을 꽂던 여자. 그녀의 존재에 대한 당혹스러움 때문이었는지 동정과 연민 때문이었는지 모르겠다.

가을 막바지였다. 그때 즈음 아보카도와 석류가 허름한 과일가게 가판대에 자주 올랐다. 혼자 사는 가구가 많아서 낱개로도 잘 팔렸다. 딸아이는 복주머니를 닮은 석류를 반으로 갈라 반짝이는 루비들을 털어먹는 걸 좋아했다. 석류 하나를 검은 봉지에 담고 달랑달랑 휘두르며 집으로 돌아오는 길이었다.

딸아이가 옷자락을 쭉쭉 잡아당기며 귓속말을 했다. '엄마, 저 할머니 얼굴에 테이프를 무섭게 붙였어……' 아이의 동공은 포름알데히드 병에 넣어 박제된 듯 무언가에 사로잡혔다. 햇볕에 까맣게 탄 구

명치가 쓰리고 소화가 잘 안 되시나요?

릿빛 피부의 할머니가 길가에 앉아계셨다. 사막 위에 난 모래 위 파도처럼 세월이 남긴 주름살들, 반질반질 반을 갈라 쪽진 머리, 얼굴 위를 뒤덮은 반창고가 아니었다면 너무도 평범했을 동네 할머니였다.

'쪼글쪼글한 입술 위에 반창고 하나, 겹쳐진 눈꺼풀에 둘, 접어둔 귓바퀴에 셋……'

이목구비의 기능을 무시한 채 붙여진 테이프는 누군가에게 보내는 신호나 상징 같았다. 할머니 얼굴에 붙여진 테이프는 용맹한 얼룩무늬 호랑이 떠올리게 했다.

범상치 않은 살벌한 기운이 전해져와 시선을 바닥에 떨어뜨렸다. 학창시절 날라리 언니들에게 끌려가지 않기 위해 연습했던 기술이 빛을 바라려던 찰나였다. (직립 보행이 힘들 만큼 치마를 줄여 입은 언니들은 항상 이 단어를 조……좋아했다. 눈깔아.)

"저런 육시럴년이 어딜 쳐다보며 싸다니노. 애 새끼도 엄마 닮아서 피둥피둥 기름이 잘잘 올랐네. 더러버라 썩 꺼져!"

그 순간 선택지가 머릿속에 펼쳐졌다. 손자병법에 견줄 수 있는 싸움 고수의 방법은 삼십육계 줄행랑. '바로 이거지.' 인생을 살며 가장 많이 고른 정답지였던 것 같다. 에스컬레이터를 탑승한 듯 빠르게 집

가게 주인이 한 곳에 치워둔 눈더미에서
할머니의 뒷모습이 그려진다.
차가운 바람이 옷깃을 파고들자 콧잔등이 시큰했다.

으로 돌아가는 뒤통수에는 욕의 폭격이 쏟아지고 있었다.

다음날 아침 딸아이와 외출을 나왔다. 신호등을 건너기 위해 기다리는데 건너편에서 또 다시 할머니와 마주쳤다. 할머니는 떡방앗간집 문간에 앉아 무언가를 맛나게 드시고 계셨다. 검정 봉다리에 쌓여 있는 건 흰 백설기였다. 할머니가 식은 지 오래되어 푸석푸석한 백설기를 먹는 동안 흰 가루가 연신 떨어졌다. 검정색 아스팔트 위에 떨어진 백설기 가루는 눈꽃송이를 닮았다. 마치 눈이 되어 내리는 것만 같았다.

그러다 우리는 서로 눈이 마주쳤다. 이젠 정말이지 억울해서 눈물이 날 지경이었다. 불연 듯 할머니는 아이처럼 헤맑은 표정으로 '씨익' 웃으셨다. 얼굴 위에 있던 주름살들은 일제히 둥그런 곡선으로 휘어졌다. 되려 '무슨 일냐'며 물어오던 눈빛은 서둘러 설기떡으로 돌아갔다.

그날 이후 할머니는…… 하루는 전집 문 앞에 앉아 식은 동태전을 드시고 계셨고 어느 날은 빵집 앞에서 크림빵을 드셨다. 동네사람들 사이에서는 이미 유명하셨다. 할머니는 때로 중얼중얼 혼잣말을 하셨다. 얼굴 위에 붙인 테이프는 외계인에게 보내는 상형문자처럼 매일 모양을 달리했다. 우리 동네 누군가에게는 호랑이 할머니였고 누군가에게는 외계인 할머니였다. 할머니는 이런저런 동네사람들의 도움을 받으며 살아내고 계셨다. 여자 그리고 노인의 몸으로 정처 없는 겨울 생활이 누구보다 힘겨웠으리라.

오늘처럼 기록적인 폭설로 추운 날이 계속되면 그녀가 떠오른다.

엄마의 삶에도 문진표가 있나요?

하얀 설기떡을 드시며 눈송이를 흘리던 할머니는 지금쯤 어디 계신 걸까…… 동네를 정처 없이 거닐다가 할머니가 앉아 있던 가게들 문 앞에 닿았다. 가게 주인이 한 곳에 치워둔 눈더미에서 할머니의 뒷 모습이 그려진다. 차가운 바람이 옷깃을 파고들자 콧잔등이 시큰했 다. 거세게 부는 바람소리에서 할머니의 욕설이 들려오기를 다시 한 번 소망했다.

응답하라 떡볶이

공모전 수상작

〈응답하라 1988〉에 덕선이는 쌍문동에 살았었다. 그곳 풍경이 나의 어릴 적 동네와 닮았다. 딸각고개를 오르면 하늘과 닿을 것 같은 봉천동과 세련된 부자아이들이 살던 흑석동 중간에는 상도동이 있었다. 한 판에 담긴 30구의 계란처럼 집안 사정이 비슷한 중산층 아이들이 모여 살았다. 아빠의 외벌이로도 커다란 양옥집을 사고 차도 살 수 있었던 시절, 한 번 직장이 평생 한 가족을 먹여 살리던 시절이었다.

벽돌로 지어진 이층집에는 철대문과 조그만 앞마당이 있었다. 앵두와 포도나무가 자라고 커다란 강아지가 짖어대는 곳, 그런 환경이 누구에게나 자연스러웠던 동네였다. 좁은 골목길 하나를 사이에 두고 양옥집들이 주루룩 마주 앉았다.

한 동네 이웃사촌이라는 말처럼, 주민들은 서로를 잘 알았기에 잘된 일을 함께 축하해주고, 물론 배도 아파하고, 걱정거리도 나의 일

엄마의 삶에도 문진표가 있나요?

인 양 서로 나누었다. 동네의 골목길 따위는 이제 두 눈을 감고도 돌아다닐 정도로 익숙했다. 그런 평범한 주택가에도 변화의 바람이 불어왔다.

얼마 전 자식이름으로 불리던 이모의 이름이 "떡볶이아줌마"로 바뀌었다. 드르륵 올라가는 셔터 문이 달린 주차장이 간이분식집으로 새롭게 태어났다. 투명하게 씌워놓은 입구 비닐 천막에 김이 서려 뿌옇게 변해갈 때면 군침 도는 음식냄새가 흘러나왔다.

구멍이 송송 난 찜기 위에서 비닐이불을 덮고 진땀 흘리던 순대양, 대쪽 같은 성품을 구불구불한 어묵살에 숨기고 있던 오뎅꼬치 총각, 앙칼지게 매운 잔소리를 찰지게 뿜어내는 떡볶이 아줌마, 뽀얗게 튀겨내진 올망졸망한 야채 튀김들…… 어린 나는 그 곳에 늘 함께하고 싶었다. 떡볶이 가게를 지나다닐수록 주머니 속에 용돈은 점점 가벼워졌다. 그리곤 얼마 못가 바닥나고 말았다.

"안녕하세요, 아줌마."
"어서와, 오늘은 뭘로 줄까?"
"지금 속이 별로 안 좋아요…… 요즘 장사 잘 되요?"
"처음이라 그런가 날개 돋힌 듯 잘 팔리지. 자, 여기 니네 엄마가 열쇠 맡겨놨다."
"(열쇠를 건네 받으며) 감사합니다…… 그런데 이거 다 안 팔리는 날

명치가 쓰리고 소화가 잘 안 되시나요?

엔 어떻게 해요?"

"떡이 치면 되지. 싸게라도 팔아치우고 후딱 들어가서 울 애들 밥상 차려줄 거다."

"아, 네…… 그럼 안녕히 계세요."

게임을 실컷 하다 보니 여섯 시가 되었다. 배꼽시계가 자꾸만 밥을 달라며 화를 냈다. 그날 따라 외출한 엄마는 돌아올 기미가 보이질 않았다. 주머니에 용돈이 거의 남아있지 않았다. 떡볶이 아줌마가 셔터를 내리기 전에 무작정 달려 나갔다. 극한의 배고픔에 조금 무모한 결심을 했다. 바사삭하게 튀겨져 반지르르한 떡꼬치 하나를 훔쳐내기로 했다.

뒷정리에 분주한 아주머니는 다행히 주차장에 딸린 조그만 수도에서 행주를 빨고 계셨다. 어린 도둑이 가진 주특기는 무엇일까 생각하다가 쥐구멍에라도 들어갈 만한 작은 체구를 떠올렸다. 낮은 포복으로 들어간 다음 한 손을 뻗어 꼬치를 빼오면 된다. 기회를 엿보며 떡볶이집 옆에 쭈그려 앉아 있던 바로 그 순간이었다. '어…… 엄마가 나타났다.'

"아이고, 킹마트에 면접보고 오는 길이었는데 글쎄 돌아오는 길에 구두 굽이 나갔네요."

"이를 어째 수선방에 가려면 한참을 돌아왔겠네, 고생했으니 어묵이라도 묵어라."

"아참, 저희 아이는 열쇠 찾아갔어요?"

"아까 적에 찾아갔지, 참새 방앗간 드나드는 모습이 귀여워서 떡이 쳐준다고 오후에 오라고 했는데, 여직 코빼기도 안 보이네?"

"아마 지금쯤 집에서 쫄쫄 굶고 있을 거예요, 아줌마 이것들 얼마 안 남은 거 다 싸주세요."

"자 여깄스요. 돈은 됐다, 내 어차피 아 와도 공짜로 줄 생각이었다. 얼른 가서 따뜻할 때 먹어라."

"아구 아줌마 동네라고 이렇게 장사해서 돈 못 벌어요. 이번에만 감사히 받을게요. 참 아저씨는 어떻게 되셨어요?"

"그 밤에 앰뷸런스 오고 난리도 아니었지…… 뇌출혈이란다…… 내 아저씨 봐줄라믄 조만간 장사를 다시 접어야 할 것 같다…… 퇴원하면 우리 집에 하루 놀러온나, 내 떡볶이 해줄라니께…… 그럼…… 들어가라!"

그날 일은 여린 아이의 가슴속에 아린 생채기로 남았다. 떡볶이 가게가 문을 닫는 소문보다 더 슬펐던 건 아줌마의 신뢰를 도둑질했다는 것이었다. 시원한 거실 마룻바닥에 앉아, 엄마와 비닐봉지를 풀어 떡볶이를 먹는데 자꾸만 눈시울이 붉어졌다. 오뎅 국물을 마시며 콧물을 훌쩍이다…… 그대로 엄마 품에 안겨 엉엉 울었다. 영문을 모르는 엄마는 딸의 작은 등을 안고 쓰다듬고 토닥였다. 그 후로 떡볶이

명치가 쓰리고 소화가 잘 안 되시나요?

아줌마네 집의 주차장 셔터는 다시 올라가지 않았다. 나는 가끔 나만의 단골 떡볶이집이 그리워진다.

요리 못하는 인간의
삼시세끼 도전기

"자, 오늘은 버섯잡채야, 식지 않게 얼른 먹어!"
"우와, 난 엄마가 해준 밥이 제일 맛있더라?"

옆에서 모녀의 대화를 바라보던 남편의 얼굴이 일그러졌다. 한 치도 동의해 줄 생각이 없는 표정이었다. 그런 남편의 표정에 동의한다. 나는 요리를 잘 못하는 엄마이다. 은근히 요리와 친해지고 싶지 않은 마음이라고 해야 할까. 육아기 엄마로서 해야 할 업무분야가 많아도 너무 많다. 엄마에게도 가끔은 산책도 하고 책도 읽어야 하고 명상의 시간도 필요한 법이다.

더운 여름철이면 뜨거운 불 앞에 서서 요리하는 게 점점 힘이 든다. 에어컨을 켜도 등 뒤로 땀이 줄줄 흐른다. 밥을 먹을 때 즈음이면 얼굴이 잘 익은 자두 빛으로 익어갔다. 언젠가 결심했다. 쉽고 간단하

계량도 없고 대중도 없이 만들어낸 요리처럼
건강하게 오래도록 대충 살아가고 싶다.

지만 영양가 있는 한 그릇 요리들이 필요한 순간이라고.

요리도 살림살이처럼 단출하게 바꾸기 시작했다. 먼저 고장 난 전기밥솥을 과감히 내다버렸다. 하루 종일 뜨끈한 보온 모드에 흰쌀밥을 언제든 먹을 수 있는 유혹부터 끊기로 했다. 그리곤 압력솥을 새로 들였다. 처음 밥을 지을 땐 최적의 시간과 불 조절을 위해 여러 번 실패를 해봐야 했다. 한 번에 쌀컵으로 4컵 분량 정도를 하면 2인 식구 기준으로 4일을 먹는다. 전자레인지용 밥용기에 한 끼니씩 덜어 식힌 후 냉장 보관한다. 냉동밥이나 냉장밥은 탄수화물의 당분 섭취를 낮추어 당뇨환자들에게 좋다고 한다. 이렇게 보관한 밥은 전자레인지에 2분 만 돌리면 언제든 뜨끈하고 촉촉한 새 밥이 된다.

"직접 장에 가서 제철에 나는 재료를 고르자!"

'간단하게 조리'할 수 있는 가장 좋은 방법은 '재료 본연의 맛을 감추지 않고' 먹는 것이다. 일주일에 한 번 직접 장을 보러간다. 제철에 나는 재료들로 장바구니를 채우려 노력한다. 신선한 재료는 좋은 영양가를 공급할 뿐 아니라 천연 조미료가 되어준다. 얼마 전 시장에서 제주 흙당근을 사왔다. 곱게 썰어 칼질을 할 때 즙이 터져 나왔다. 생당근은 짙은 주황빛이 돌았으며 아자작한 식감이 좋았다. 당근을 썹을 때마다 단물이 흘러나왔다. 요리를 하기 위해 구입했던 당근은 결국 숭덩 스틱으로 잘라서 밥상 위에 올라갔다. 냉장고에 있던 당근을 꺼내 조리해 먹기로 했다. 같은 식자재이지만 컨디션에 따라 다른 요리결과를 만들어낸다. 텃밭이라는 프라이팬에서 태양이 조리해낸 재료들은 그들 본연의 맛을 지니고 있다. 요리는 바로 그런 신선한 재료를 구입하는 과정부터 시작된다.

"한 그릇에 모두 담을 수는 없을까?"

꼬맹이들은 은근한 미식가이다. 방금 조리한 음식과 냉장고에 들어갔다 나온 음식들을 기가 막히게 가려낸다. 어릴 때부터 냉장고와 냉동실을 거쳐 나온 음식들은 잘 먹지 않았다. 언제나 바로 다듬고 씻어 찌고, 굽고, 튀겨낸 음식들에만 손이 갔다. 그때부터 우리 집에서는 한 그릇 요리들이 탄생했다. 밑반찬 없이 한 그릇만으로도 뚝딱! 냉장고에서 나오는 건 김치 하나가 유일했다. 가지를 길쭉하게 잘라 찜기에 쪄서 돼지고기와 볶아 덮밥으로 먹는 요리나 마파두부처럼 두부와 야채를 굴소스에 볶아 냈다. 훈제연어와 아보카도 그리고 계란 프라이와 명란을 냉면용기에 담아 먹기도 한다. 가끔 아침은 간단하게 간장과 아가베 시럽으로 간을 한 토마토달걀볶음으로 해결하기도 한다. 그마저도 여의치 않은 날에는 썰은 견과류와 과일을 요거트에 올려먹는다. 한 그릇 요리의 장점은 식탁까지 나르고 설거지를 하는 모든 과정이 간편해서 요리가 즐거워졌다는 점이다.

"간편하게 산다. 간단하게 산다."

간은 간단한 것들로 맞춘다. 짠맛과 단맛은 그라인더에 갈아 쓰는 암염과 아가베가 책임진다. 그 외에도 나물을 무칠 때면 보통 통후추나 된장 그리고 간장 정도만 쓴다. 가끔 아이들이 속배추 무침을 주문하기도 한다. 양념은 된장 베이스에 아가베로 단맛을 내고 들기름을 두른다. 들기름과 참기름 그리고 올리브유 등 기름은 되도록 좋은 걸로 쓴다. 조금만 써도 깊은 향과 맛을 내어준다. 새콤달콤하게 먹고 싶을 때는 오미자청을 살짝 가미해주기도 한다.

찬바람이 솔솔 부는 봄이 오면 시장에 갓 나온 포항초를 사와 찬물에 씻는다. 단단한 뿌리 부분에 흙이 많이 있어서 꼭 자르고 씻는다. 포항초나 시금치는 씻는 일을 마치면 요리의 절반이 완성된다. 그만큼 흙을 제거하는 일에 정성을 다한다. 투박하게 멸치를 던져 넣고 끓인 육수에 두부를 육각으로 숭덩 썰어 넣는다. 보글보글 끓어오르면 포항초를 넣고 숨이 죽은 후에 집된장을 풀어준다. 겨우내 땅속에 웅크리고 있던 포항초는 쌀밥과 함께 씹으면 달큰한 뒷맛이 몰려온다. 된장은 구수하고 두부는 보드랍게 입속을 다독여준다. 요리를 하는 일에는 체력도 시간도 많이 소모된다. 나중에 늙어서도 혼자서 밥상을 책임질 수 있는 날들을 상상해 본다. 간편하고 간소화된 밥상을 차려내는 소소한 성취감을 되도록 오래도록 즐기고 싶다. 계량도 없고 대중도 없이 만들어낸 요리처럼 건강하게 오래도록 대충 살아가고 싶다.

감바쓰는
장인정신으로
졸이는 거야

　가끔 세상 속 시간이 가속되는 걸 느낄 때가 있다. 아니 하루가 짧
아지는 걸까. 일상 속에 해야 할 일들이 빼곡히 차면 마치 4대째 내
려온 재래 된장 장인이 된 기분이다. 메주가든 된장 항아리에 묵직한
뚜껑을 매일 아침저녁으로 열고 닫아야 하는 삶 말이다. 하늘과 맞닿
은 너른 마당에는 바위 위에 앉아 쉬는 물개처럼 장독들이 숨을 쉬고
있다. 하나 같이 가만히 앉아 누군가의 손길을 기다린다. 해가 떠오르
는 시간에 바지런히 뚜껑을 열고, 해 떨어질 때 도로 닫는다. 헌데 요
즘 뚜껑을 열은 기억과 닫은 기억은 있는데 그 중간이 텅 비어 기억
나질 않는다. 왜인 걸까.

　사람들은 대부분 밤에 수면을 취한다. 컴퓨터와 비슷한 인간의 뇌
는 잠을 자는 동안 새로운 정보를 수용하기 위해 하루 동안의 기억을

처리한다. 분리수거를 하는 일과 비슷하다. 그중 인상적이었던 기억은 장기기억으로 보내고, 반복되는 일상들은 지우거나 지하실 어딘가에 저장된다. 하루 일과가 잘 기억나지 않았던 이유는 요즘 '똑같은 일상을 반복'하고 있기 때문이다.

코로나 기세가 지칠 줄 모르고 계속되고 있다. 사람들은 마스크를 쓰는 일상에 점점 지쳐가고 있다. 아이들이 있는 가정에는 사실상 가택구금이 내려진 거나 마찬가지다. 아이들은 타지에 사는 할머니 할아버지를 영상통화로 만나도 아쉬움이 사그라들지 않는 눈빛이다. 코로나는 "함께"라는 빛나는 문화를 빼앗아갔다.

사람들은 각자 하나의 떠도는 섬처럼 살고 있다. 고명한 선비나 부와 권력이 있던 죄인을 유배지에 보내 여생을 살게 하는 귀양살이가 떠올랐다. 평생 유배지를 벗어나지 못하는 감옥 없는 징역살이가 지금의 우리의 신세랑 다를 게 무엇일까. 때 아닌 역병의 창궐은 부와 권력이 없는 일반 평민들에게도 귀양살이를 살게 했다.

고려시대 이자겸은 영광법성으로 유배를 갔다. 하루는 그곳 조기가 맛이 있어 왕에게 진상을 올렸다. 왕이 그 고기의 이름을 물으니 이자겸은 생각 끝에 '굴하지 않겠다'는 뜻으로 "굴비"라고 한 것이 지금의 법성포 굴비이다. '그래, 코로나에 굴하지 않는 마음으로 요리를 하자.'

항아리의 뚜껑을 닮은 묵직한 원형 무쇠 철판을 꺼내었다. 아기를

명치가 쓰리고 소화가 잘 안 되시나요?

다루듯 기름을 살살 둘러 불 위에 얹었다. 때마침 냉동실에는 칵테일 새우 한 봉지가 들어 있었다. 마침 요리하고 남은 마늘은 종지에 담겨 있었다. 새우와 마늘을 기름에 졸이는 스페인식 전채요리 감바스 알아히요를 해봐야겠다. 스페인어로 감바스gambas는 새우를, 아히요ajillo는 마늘소스를 뜻한다. 거창한 이름과 달리 조리법은 간소하다.

먼저 넉넉히 두른 올리브 오일에 버터를 녹이고 소금, 후추로 간을 한다. 온도가 오르면 편을 썬 마늘을 넣어준다. 기름에서 마늘 향이 배어 나오면 바질과 페페론치노를 넣어준다. 그리곤 마지막으로 물기를 제거한 새우를 넣는다. 기호에 따라 가지나 애호박, 버섯 등 짜투리 채소들도 함께 넣어도 맛있다. 바게트 빵은 한 번 더 바삭하게 굽는다. 라면보다 간단한 감바쓰 완성.

아이는 단풍잎 같은 손바닥에 잘 구워진 바게트를 쥐고 새우를 올리며 묻는다. 아홉 살 아이의 서투른 젓가락질은 입으로 들어가는 것보다 식탁 위로 떨어지는 게 더 많다. 마치 테이블 매트 위에 낙엽이 내린 것 같다. 그럼에도 얼굴에는 미소가 한 가득이다.

"와, 엄마 집에서 이렇게 먹으니까 레스토랑에 온 것 같다, 그치?"

"어때? 오랜만에 바깥음식 먹는 것 같지?"

"응, 그런데 이 음식 이름이 뭐야?"

"감바스 알하이오라고 스페인 음식이래."

"아, 감빠쓰 아라리요? 맛있다 다음에 또 해줘!!"

이 시련들이 다 가고 나면 우리는 더 단단한 옷을 걸치고
세상 속으로 당당히 걸어 나아가자.

"언제든 바게트만 있으면 라면 끓이기처럼 간단하거든."

배도 든든히 채웠겠다, 이제 아이와 무얼 하며 시간을 보내야 할지 곰곰이 생각해 보았다. 귀양살이를 한 사람들은 어떻게 긴긴 시간을 보냈을지 궁금해졌다. 정약용 선생님께서 쓰신 '귀양살이에서 깨달은 여덟 가지 취미'란 글에 이렇게 적혀 있었다.

'바람을 2 끼고, 달에 취하다.'
'구름을 관찰하고, 비를 대하다.'
'산에 오르고, 물가에 가다.'
'꽃을 구경하고, 버들을 따라가다.'

버들을 따라가다 보니 고향집과 가족들 생각에 또 다시 슬퍼졌다고 한다. 세상과 동떨어져 외롭고 불편하게 지내는 부자유의 생활 속에서 부지런히 취미를 찾으려는 정약용 선생님의 노력이 엿보였다. 일상은 역시 습관처럼 만들어가는 것이다. 매일 속옷을 입고 벗고, 머리를 매만지는 일처럼 말이다. 부지런히 움직이고 관심으로 바라봐주는 사람에게 자연은 옆자리를 내어준다.

"아이들아 '코로나' 구름과 안개가 걷히거든 마스크를 벗고 나아가 보자. 들로 산으로 뛰어가 가쁜 숨을 몰아쉬고, 자연을 손으로 만지며 그리운 이들의 품에 안겨보자. 그동안은 엄마가 전해주는 손길 속에서 함께 인고의 시간을 견뎌내자. 밥벌이와 세상살이에 치여 안전을 담보한 채 일하는 사람들도 있으니 우리 감사함을 잊지 살자. 오랜 시간 묵힌 장일수록 깊은 맛을 내는 법이니…… 이 시련들이 다 가고 나면 우리는 더 단단한 옷을 걸치고 세상 속으로 당당히 걸어 나아가자."

오늘도 장인의 된 마음으로 내 안에 맡겨진 생명들과 부지런히 삶을 돌보아야겠다.

마음 진단 올림픽

심심풀이 문진표를 풀고 나의 상태를 진단해보세요.

테스트

회전 초밥 집에 갔습니다. 당신은 어떤 초밥을 먼저 먹을까요?

❶ 계란 초밥
❷ 연어 초밥
❸ 참치 초밥
❹ 장어 초밥

결과발표

나의 정신 연령을 알아보자!

1. 계란 초밥

정신연령 유치원생

좋고 싫음이 분명한 당신. 자기 기준이 확실해서 친구들 사이에서 리더 역할에 잘 어울린다. 자신의 감정에 솔직한 당신에게는 친구들을 배려하는 세심한 센스가 필요하다.

처방전 소설책 읽기. 간접경험을 해보자.

2. 연어 초밥

정신연령 초등학생

창의력이 뛰어난 당신. 남들이 생각하지 못하는 비상한 두뇌를 지녔다. 이런 성향의 사람들은 무계획 무질서로 사는 걸 좋아한다. 집중력이 뛰어나 좋아하는 일을 하면 성공할 확률이 높다.

처방전 가끔은 철저한 계획표 짜기. 스케줄대로 하루를 살아본다.

3. 참치 초밥

정신연령 중학생

사람들 사이에서 말을 많이 하기보다 들어주는 스타일의 당신. 친구들로부터 애어른 취급을 받아온 당신은 산전수전 끝에 철이든 어른이 되었다. 자칫 삶이 너무 진지해서 단조로움에 빠질 수 있으니 주의하시길.

처방전 아이처럼 안해 본 일 해보기. 놀이공원에 가거나 익사이팅한 스케줄을 소화해보자.

4. 장어 초밥

정신연령 성인

자신에 대한 자부심이 높은 편인 당신은 다른 사람보다 많이 알고 어른스러워 보이길 바라는 타입이다. 새롭게 변하는 정보에 발 빠르게 받아들이는 편이라 미래를 준비하는 자세가 되어있다. 자칫 엄격하고 완벽해 다가가기 어려워 보일 수 있다. 다른 사람들이 마음 편히 터놓을 수 있는 편한 사람이 될 필요가 있다.

처방전 로맨틱코메디 영화시청. 긴장을 풀고 말랑말랑한 마음을 가질 수 있다.

명치가 쓰리고 소화가 잘 안 되시나요?

3. 가슴이 답답하고
숨쉬기가 힘드신가요?

구근을 키우며

봄이 찾아왔다. 사람들은 계절을 닮아 부지런해진다. 올해도 양파를 닮은 히야신스 구근을 심어야겠다. 휴면을 끝낸 구근은 잎눈이 불쑥 솟아올랐다. 봄 소식을 온몸으로 알려온다. 잎눈이 위로 향하게 하여 구근 크기에 3배로 깊이 심는다. 흙을 덮고 물을 주자 연녹색 싹이 돋아났다. 따뜻한 햇살을 맞을수록 꽃망울이 석류알처럼 터지기 시작했다. 열린 꽃대 사이를 슬쩍 보니 노란색 히야신스였다. 작년에 심은 녀석은 보라색이었다. 심어놓은 구근에서 어떤 꽃을 피워낼지 기다리는 마음은 봄을 만나 더욱 두근거린다. 덕분에 지갑 속에 로또 한 장을 쟁여둔 기분으로 설레며 지냈다. 꽃대가 불쑥 자랄수록 몽우리들이 굵어진다. 똑같은 꽃망울에서도 꽃은 저마다의 속도로 피워낸다. 매일 새로운 꽃들이 피고 진다. 구근이 어찌나 부지런한지 동체시력을 써서 바라보아야 할 만큼 성장속도가 빠르다. 작은 알맹이에 담

아이들에게 도움이 필요할 때마다 머리를 맞대고
함께 고민해 줄 수 있는 부모, 그런 부모가 되고 싶다.

긴 힘이 어마어마하다.

　매년 같은 꽃가게에서 구근을 사온다. 구입해 온 히야신스는 저마다 다른색 꽃을 피워낸다. 한 배속으로 낳은 두 자식도 그렇게 달랐다. 첫째는 다육이처럼 느렸다. 돌이 지나고 16개월이 되어서야 걸음마를 시작했다. 학교생활도 적응할 만하면 새 학년으로 올라갔다. 기나긴 적응을 반복해야 하는 자식을 바라볼 때면 속이 상했다. 다행히 아이는 느리지만 끈기가 있었다. 두툼한 장작에 불을 붙이려면 오랜 시간이 필요하듯이 아이도 그랬다. 느려도 한 번 불이 붙으면 활활 타올라 빠져들었다.

　둘째 아이는 첫째와 반대였다. 햇볕에 그을린 듯 검고 탄력 있는 피부를 가지고 태어난 첫째와 달리 둘째는 새하얀 피부에 시원시원한 이목구비를 갖고 태어났다. 둘째는 그 까맣고 큰 눈동자를 호기심에 데굴데굴 굴려댔다. 첫째가 기다리는 아이였다면 둘째는 스스로 찾는 아이였다. 또래에 비해 발달이 빠르고 성미가 급해 뭐든 원하는 대로 되지 않으면 성질에 못 이겼다. 화르르 끓어오르는 양은 냄비처럼 화를 내다가도 금방 깔깔대며 웃음이 많은 아이였다. 둘은 서로 너무나 달랐다. 아이가 자라나는 시기에 맞춰 부모의 양육방식이 또한 바뀌어야 한다고 들었다. 둘을 낳고 보니 아이 각각의 성향과 출생 서열에 맞는 양육이 필요할 것 같았다. 한동안 부모 노릇이 쉽지 않을 걸로 예상된다.

　'자식을 어떻게 키워야 하나'라는 고민에는 정답이 없다. 100세 철학자 김형석 교수님은 말하셨다. "핵심이 있습니다. 그건 부모가 아이의 자유를 소중하게 여기는 것입니다. 상대방의 자유를 사랑하는 겁니다. 자유는 곧, 선택입니다. 자신의 일을 스스로 선택하게 해야 합니다. 그렇지 않으면 아이의 자아가 없어집니다. 자신의 중심이 사라집니다. 아이에게 선택할 자유를 주어야 합니다. 아이에게는 근육이 생겨나기 시작합니다. 자신의 삶을 헤쳐나갈 마음의 근육입니다."

역시 자녀를 키우는데 있어 가장 기본 원칙은 자식의 선택을 존중해주는 것이었다. '그런 다음 나는 아이들은 어떻게 키우고 싶은 걸까.' 우선 자유와 방종을 구분할 줄 모르는 나이에는 책임을 먼저 알려주고 싶다. 그건 부모가 직접 몸으로 보여주어야겠지. 또 아이들이 갈림길에서 멈춰 섰을 때 다양한 선택지를 건네주고 싶다. 부족한 경험으로 좁은 시야에서 갇히지 않도록 아이의 손을 잡아주는 부모가 되어주고 싶다. 아이들에게 도움이 필요할 때마다 머리를 맞대고 함께 고민해 줄 수 있는 부모, 그런 부모가 되고 싶다.

많이 가르치는 것은 싹을 뽑아

북돋움과 매한가지

큰 칭찬이 회초리보다 오히려 낫네.

자식한테 우매하다 말하지 말고

차라리 좋은 낯빛을 보이게나.

_ 퇴계 이황의 〈훈몽〉

가슴이 답답하고 숨쉬기가 힘드신가요?

삶의 희망과 죽음
그 사이에 라디오

가끔 집안에 있을 때면 고립감을 느끼곤 한다. 그럴 땐 라디오를 켠다. 무겁던 공기의 질량이 가벼워지는 기분이 든다. 바깥세상 이야기와 사람들을 집안에 불러들이는 마법 같은 라디오는 그 발명 과정에 우여곡절이 많았다. 1894년 이탈리아 청년 마르코니는 혼자서 연구한 끝에 무선통신 기술을 발명했다. 그는 이 기술이 군사적으로 큰 도움이 될 것 같아 장관에게 편지를 쓰지만 정신병자로 취급받고 무시당한다. 그 이후 기술을 좀 더 개발시켜 대서양 횡단 통신에 성공하게 된다. 선박 선장들이 이를 통해 교신을 주고받게 된다. 그러던 어느 날 마르코니는 타이타닉호의 침몰 소식을 듣게 된다. 그는 사건 현장 근처 선박들에게 소식을 전달해 수많은 사람들의 목숨을 살리게 된다. 마르코니가 없었다면 생생하게 재연된 타이타닉 영화는 볼 수 없었을 것이다. 집안에서 따뜻하게 울리는 라디오 소리 또한 들

엄마의 삶에도 문진표가 있나요?

을 수 있었을까.

해거름 녘이면 습관처럼 라디오를 켠다. 하루도 빠짐없이 같은 남성의 목소리가 흘러나온다. 더 이상 내려갈 곳 없는 저음 보이스, 젊음이 훑고 지나간 목소리에 꾸미지 않은 자연스러움과 성숙미가 차올랐다. 배철수, 그는 30년 동안 지각 한 번 없이 지층처럼 한 자리를 지켜온 DJ이다.

"오늘도 배철수의 음악캠프…… 시작합니다!!!"

늦은 오후 좋아하는 라디오 방송이 시작된다. 퇴장을 알리는 음악처럼 일상으로 퇴근이 시작된다. 가스불 위에 뚝배기를 올리던 누군가의 눈망울에 빛이 차오르고, 올림픽 대교 속 자동차 행렬에 끼인 운전자는 반짝이는 한강에 눈길을 던진다. 차가워진 바람에 팔짱을 끼고 걸어가던 이의 이어폰 속에도, 힘겹게 고갯길을 오르던 작은 마을버스 안에서도 수고한 이들에게 라디오는 달콤한 친구가 되어준다. 익숙한 팝송을 들으며 추억을 꺼내어보는 시간들도 점차 소중해진다.

"오늘은 안타깝게도 우리의 팝스타가 타계한 날입니다."
"시신을 태운 운구차가 지나가는 동안 곳곳의 팬들이 그의 히트곡을 일제히 틀어놓기 시작했다죠?"
"네, 맞습니다. 그의 음악은 돌림노래처럼 광장에 울려 퍼졌다고

가슴이 답답하고 숨쉬기가 힘드신가요?

합니다."

"떠나야 하는 사람에게도 떠나보내야만 하는 팬들에게도 잔잔한 위로가 되었겠네요."

음악이 사랑받는 한 영원히 살 것 같았던 팝스타도 죽음 앞에서는 평등했다. 이른 죽음과 늦은 죽음의 차이만 존재할 뿐 모두 다 세상을 등지고 떠난다. "죽음"이라는 단어를 입술 모아 소리 내면 날숨 속의 공기마저도 당연하게 느껴지지 않는다. 엄마의 다리 밑을 비집고 나와 아등바등 살다가 되돌아갈 곳은 지층 속에 누운 동물화석 옆자리라니 기가 막힌 결말이 아닌가.

라디오를 타고 온 유명 팝가수의 타계소식에 나의 마지막 날을 그려보았다. 장례식장을 찾아와준 조문객들을 위해 살아생전 부탁해 둔 음악 하나를 튼다면 나는 무얼 고를까. 일단 꽃은 사절이다. 아름다운 꽃이 막 졌다고…… 금방 다른 꽃으로 대신하진 말아주길. (실은 살아 있는 꽃들이 꺾이는 게 미안해서이다.) 눈물을 짜내기 위한 향을 피우는 것도 자제해주었으면 좋겠다. 대신 트로피컬 음료수처럼 달큰한 아로마 향초를 곳곳에 피운다면 좋겠다.

허난설헌은 죽기 직전 마지막으로 독특한 부탁을 했다고 한다. 살아생전에 써둔 시들을 모두 모아 불태워 달라고 한 것이다. 그녀처럼 평생 동안 공들인 나만의 업적은 무엇일까 생각해 보니…… 매일 부지런히 세끼를 요리해 챙겨먹는 일이 떠오른다. 그동안 쓰던 식기들을 함께 불태워 달라 할 수 없으므로 비상한 묘비명을 준비하기로 하자. 유명한 사람들은 묘비명은 어땠을까.

"오래 버티고 살다 보면 이렇게 될 줄 알았다."

('우물쭈물하다가 내 이렇게 될 줄 알았지'라는 오역으로 잘 알려져 있다.)

— 극작가 조지 버나드 쇼

"일어나지 못해서 미안하이."

(먼저 떠나는 노인의 배려가 느껴진다.)

— 〈노인과 바다〉 작가 어니스트 헤밍웨이

"썼노라, 사랑했노라, 살았노라."

(쌌노라, 먹었노라, 잘 잤노라……라고 써도 될까.)

— 《적과 흑》 작가 스탕달

"불려갔음."

(역시 시인답게 짧고 간결하다. "음…… 끌려갔음" 이렇게 써보면 어떨까.)

— 시인 에밀리 디킨슨

묘비명 정하는 것도 쉬운 일이 아니었다. 나는 이 세상 마지막 날 커다란 A4용지에 "고스톱 금지"라고 적은 종이도 붙여야지라는 재미난 상상하다가…… 결국은 이렇게 적기로 했다.

"집요정 도비는 이제 자유예요."

나를 키워준 팔 할은 반려식물

"문제집 안 그래도 지금 풀려고 그랬거든? 엄마 자꾸 보채지 좀 마세요!"

집안 따사로운 빛이 들어오는 창가 자리에는 두 명의 주인이 있습니다. 그 중 한 명은 딸아이죠. "봄 햇살에는 며느리를 내보내고 가을 햇살에는 딸을 내보낸다"는 옛말이 있습니다. 딸아이는 가을 햇살을 만끽하며 창가에 앉아 빈둥모드입니다. 그런 아이에게 "오늘 할 일"을 물었다가 되레 된통 당했습니다. 내 인생에 넘어오지 말라며 자꾸만 선을 긋는 딸아이 옆으로는 식물들이 주루룩 줄서 있습니다. 식물들이 자리의 두 번째 주인입니다. 뱀부 소재로 짠 선반은 일층과 이층으로 나뉘어져 있습니다. 이곳은 각자 다른 사연 끝에 모인 식물들이 함께 사는 아파트입니다.

엄마의 잔소리에 짜증을 내던 딸아이 옆에서 식물들이 춤을 춥니다. 공기의 순환을 위해 살짝 열어 놓은 창문 틈 사이로 들어온 바람이 리듬을 전해줍니다. 창 밖에서 쏟아지는 햇살 덕에 거실 하얀 벽에는 식물들이 춤추는 그림자로 넘실댑니다. 바람이 파도를 실어온 듯합니다. 반짝반짝 잎사귀가 긴 '스마트필름'은 멋진 기럭지를 뽐내며 흐느적 느끼하게 온몸을 흔듭니다. 식물은 삶에 치일 때 주인을 잠시 어디론가 데리고 가 줍니다. 그리곤 '이 바람을 바라보라'고 말합니다. 그저 멍하니 바라보고 숨 한 번 크게 쉬었을 뿐인데 기분이 새로워졌습니다. 식물들이 덕분일까요? 가끔 초고층 아파트 베란다에 매미도 놀러와 노래를 하고 잠자리도 쉬어갑니다.

식물선반 일층에는 주로 키 작은 녀석들이 살고 있습니다. 식물원을 관람하고 나오며 기념으로 하나 둘 받아 온 다육이들이 옹기종기 모여 있습니다. 생김새도 크기도 각자의 개성이 모두 다 다릅니다. 다육이는 착한 아이들입니다. 물을 준 것 말고 해준 게 없는데도 대부분 잘 자랍니다. 그런데 지나친 관심이 화근입니다. 매일 아침 녀석들이 궁금해 들여다보면 물도 더 자주 주게 됩니다. 우리 집 다육이 녀석들은 작아서 서러운지 키 큰 화분들 사이에서 무럭무럭 웃자랐습니다. 아무래도 관심을 덜 줘야 할 것 같습니다.

"땡글아, 이 식물들 좀 봐 너무 멋지지 않니?"
"뭘 그저 초록색일 뿐이잖아."

식물은 말 없는 사랑을 합니다.
그리고 조용히 자연의 섭리대로 살아가면 된다고 귀띔해줍니다.
나는 이 묵묵한 친구가 점점 좋아지려 합니다.

"저기 저 산 좀 봐, 올라가보고 싶지 않니?"

"엄마 나는 바다가 더 좋아요. 어차피 내려올 거 뭣 하러 올라가요?"

어릴 적 나는 식물과 친해지고 싶지 않았습니다. 식물을 유난히 사랑하시던 엄마의 감탄사 앞에서 무감각한 내가 이상한 사람처럼 느껴질 정도였죠. 제게 산은 산이고 풀은 그저 초록색이었던 겁니다. 고기를 먹을 때도 꼭 상추에 싸먹어야 하는 게 싫었습니다. 한 점이라도 더 큰 고기로 채우고 싶은 '고기에 대한 순수한 사랑'이랄까 그런 게 있었습니다.

어른이 되어서도 마찬가지였죠. 처음부터 식물을 좋아한 건 아니었습니다. 시작은 '인테리어용으로 집안에 두면 멋지겠다'는 마음이었습니다. 그래서일까요? 연쇄살인마도 죽이기 힘들다는 고무나무부터 선인장과 스투키까지…… 전부 죽어서야 집밖으로 나가게 되었답니다.(거참 식물들에게 미안해지네요……) 추우면 얼어서 죽고 더우면 잎사귀에 점이 나거나 끝이 타들어가 죽었습니다. 그저 나이가 먹으면 자연스레 하게 될 줄 알았지만 기대감을 저버린 대표적인 일이 바로 '식물키우기'였답니다.

식물은 빛과 물, 온도와 양분 어느 것 하나 밸런스가 맞지 않으면 살 수 없습니다. 집안 여러 종류의 식물들은 각자 좋아하는 환경과 조건이 다 달라 신경써줘야 할 일들이 늘어갑니다. 바람을 좋아하는 아

가슴이 답답하고 숨쉬기가 힘드신가요?

이, 햇빛을 좋아하는 아이, 그늘에서 선선하게 키워줘야 하는 아이, 다 다릅니다. 말 그대로 생명을 보살피는 "케어"입니다. 자꾸만 들여다보고 말 걸어주고 흙이 말랐는지 손가락을 넣어 만져보고 아이들을 키우는 것과 비슷하더군요.

식물들은 말없는 사랑을 줍니다. 아기처럼요. 자신을 돌보는 사람을 향해 미소를 꽃 피우고, 시름시름 앓다가도 따뜻한 손길 한 번에 새로운 싹을 틔워냅니다. 그런 식물들을 바라볼 때면 괜시리 삶의 희망과 의욕들이 샘솟아 난답니다. 생명력이 주는 파장이 온 집안에 퍼지는 경험을 합니다.

아파트 5일 장날 식물 트럭 아저씨에게서 사온 아이비는 호기심이 많은 아이입니다. 기다란 가지를 이리 뻗고 저리 뻗어 결국 원하는 곳으로 갑니다. 강릉 아기동물원에서 받아온 다육이는 죽음의 늪을 여러 번 건넜는데요. 이사를 하던 날이었습니다. 이삿짐 직원분들게 맡기면 혹여 다칠까 커다란 쟁반에 담아 자동차 뒷좌석에 모셔서 이사를 왔습니다. 식물들도 갑작스레 환경이 변하면 적응하는 시간이 필요합니다. 뽁뽁이로 하나씩 화분을 감싸 조심히 창가에 내려놓던 찰나에 그만 대가 뚝 하고 분질러져 버렸습니다. 순간 속상한 마음에 화가 났습니다. 버릴까 하다 혹시 몰라 부러진 아이를 그대로 다시 화분에 심어 물을 주었습니다.

한참을 지나 들여다보니 다육이가 되살아나기 시작했습니다. 하나뿐인 대 옆에는 작고 소중한 아기 다육이들이 번져나가기 시작했죠. 가장 못나고 가장 많이 다친 아이였는데…… 작은 식물이 뿜어내는 생명의 불씨에 와락 눈물이 차올랐습니다. 마치 못난 인생에 응원을 보내는 것 같았습니다. 부러져도 괜찮다고. 다시 심으면 일어설 수 있다고 지난날의 나를 토닥토닥 감싸주는 것 같았습니다. 따뜻했습니다. 그렇게 반려식물과의 사랑이 시작되었습니다.

어릴 적 바다에 서서 힘차게 다가오는 파도를 보면 심장이 두근거렸습니다. 먼 수평선 뒤에는 어떤 세상이 기다리고 있을지 가슴이 절로 간질간질했죠. 중년의 나이로 향해가는 지금 나는 산을 자주 바라봅니다. 일상에 치여 마음이 답답해질 때면 넓은 창문 너머로 우직이 자리를 지키고 서있는 거대한 산을 바라봅니다. 거리를 걸을 때도 버스 밖에 차창을 바라볼 때도 자주 산을 찾아봅니다. 산은 계절이 바뀌어도 연두와 노랑 빛 그리고 갈색으로 옷을 갈아입습니다. 살면서 그 자리에 있는 것만으로도 위로가 되어주는 것들이 있습니다. 자주 찾아뵙지 못해도 전화 한 통 걸어 "엄마" 하고 소리 내어 부르면 위안이 되어주는 존재가 있듯이 말입니다.

오늘도 거실 벽 한 쪽에서 살랑이는 정물화 한 점을 바라봅니다. 서로 이유 없이 눈길을 주고받는 것만으로도 좋습니다. 식물은 말 없는 사랑을 합니다. 그리곤 조용히 자연의 섭리대로 살아가면 된다고 귀띔해줍니다. 나는 이 묵묵한 친구가 점점 좋아지려 합니다.

가슴이 답답하고 숨쉬기가 힘드신가요?

맥주 한 잔을 위해
오늘 하루를 살았다

올해도 어김없이 맥주의 계절 여름이 돌아왔습니다. 제 인생 맥주는 바로 야구장 맥주입니다. 그 당시 야구를 좋아하던 남자친구의 손을 잡고 처음 야구장에 입문하였습니다. 그날 하필 버스카드를 두고 나와서 집으로 되돌아갔어요. 간 김에 앞코가 마음에 들지 않던 구두를 바꿔 신었습니다. 약속시간은 촉박하고 마을버스는 애만 태우고 저는 결국 데이트에 늦고 말았답니다. 남자친구는 텅 빈 잠실구장 입구에서 유령처럼 사색이 되어 있었답니다.

"저 치킨 한 박스 주세요."
"소세지 두 개 주세요. 케찹은 빼고 머스타드만 뿌려주시고요."

그때 저희는 늦었지만 사야 할 건 빠짐없이 챙겼습니다. 바로 야

엄마의 삶에도 문진표가 있나요?

구장 맥주를 위해서였죠. 두 손에 먹을 걸 잔뜩 들고 터널처럼 좁은 입구를 지나자 광활한 구장과 사람들의 함성이 터져 나왔습니다. 우리 팀이 막 승점을 기록했답니다. 여기저기에서 공기를 채운 응원용 막대를 두드리고 한 목소리로 응원가를 외쳐댔습니다. 야구의 룰도 잘 모르는 저는 어찌된 영문인지 몰랐으나 그들을 따라서 심장이 마구 뛰고 있었습니다.

컴컴한 영화관에서 좌석을 찾아가듯 조심조심 자리에 앉았습니다. 그때였습니다. 야구장에 여신이 치어리더라면 여성 관람객들의 눈을 사로잡는 건 바로 맥주를 파는 청년들이었죠. 훤칠한 키에 야구 모자를 눌러쓴 교회오빠 이미지의 청년들은 농약을 뿌릴 때 쓰는 통을 어깨에 메고 있었습니다. 여기저기서 맥주를 주문하자 번개처럼 날아가 일회용 종이컵에 따라줍니다. 그때 느꼈던 야구장 맥주의 첫 맛이 어찌나 시원하고 달달했는지. 가사도 모르는 응원가를 옆 사람 입모양을 보며 고래고래 따라 부르고 비닐봉지로 머리띠를 만들어 쓴 채 어깨동무하고 춤을 출수록 야구장에 열기는 달아올라갔습니다.

"크으, 맥주에 취하고, 분위기에 취하는구나."
"딸깍~스으~~~꿀꺽. 꿀꺽."

가족들이 잠든 캄캄한 밤입니다. 조그만 스탠드를 켜고 혼자 맥주 한 캔을 땄습니다. 야구장에서 사색이 되던 남자친구는 이제 머리만

대면 어디서든 잠이 드는 남편이 되었습니다. 핸드폰 배터리가 녹을 만큼 밤새워 전화해도 아쉬워하던 남자친구는 돌아오지 않는 걸까요. 문득 야구장을 꽉 채우던 인파와 함성소리가 그리워집니다. 이제 다시 그 시절로 돌아갈 수 있을까요. 지금은 코로나 2년째입니다. 두꺼운 마스크 때문에 사람들은 표정을 잃었습니다. 잔잔한 행복을 주던 작은 일상들조차 모조리 빼앗겼기 때문이죠. 모두들 각자의 사정으로 힘든 시절을 묵묵히 통과하고 있습니다. '이번이 마지막일 거야'라고 주문한 마스크는 자꾸만 쌓여갑니다. 델타바이러스의 위협에 새로운 마스크가 나오면 나도 모르게 결제 버튼을 누르고 있는 자신을 발견합니다. 긴 터널의 끝이 보이지 않아 답답하고 울적해집니다. 그런 날이면 맥주 한 잔의 청량함이 간절합니다.

편의점에서 세계맥주 4캔을 만 원에 사왔습니다. 4캔 이상부턴 1캔에 무조건 2,500원으로 계산되어 실은 여섯 캔을 사왔습니다. 목넘김이 부드럽고 청량한 라거, 쌉쌀한 홉의 맛을 느낄 수 있는 필스너, 과일의 달콤한 맛을 내는 바이젠, 묵직하면서 구수한 흑맥주, 홉과 몰트의 밸런스를 잘 맞춘 페일 에일 그리고 마지막은 제가 가장 좋아하는 IPA입니다. 맥주는 물과 맥아 그리고 효모와 홉을 넣어 제조합니다. 맥아는 색과 향을 내는 맥주의 재료입니다. 효모는 탄산을 만들어내는 미생물 역할을 합니다. 홉은 맥주 특유의 맛과 향을 내는 식물인데요. 보관을 위해 이 홉을 잔뜩 넣어 만든 것이 IPA의 시작입니다. 홉에서 나오는 향과 바디감이 줄타기를 하듯 입속에 퍼질 때면 하루의 고단함은 눈 녹듯 사라집니다.

드라마에선 주인공들이 퇴근 후에 불 꺼진 거실에 앉아 맥주캔을 마시는 장면이 자주 나옵니다. 한때 저도 차도녀 느낌을 내기 위해 샤워 후 맥주캔을 따서 벌컥벌컥 들이키던 시절이 있었죠. 낮 동안 달아올랐던 속을 시원하게 정리해주는 기분에 한 캔 더 딸깍. 맛있는 안주가 남았으니 한 캔 더 딸깍. 그러다 술이 술을 부르고. 급기야 편의점에서 뚱땡이 피쳐를 사들고 귀가하는 제 모습을 거울로 보게 됩니다. 사랑하면 닮아간다는 말이 있듯이 제 몸매도 점점 맥주병을 닮아갔습니다. 이건 아니다 싶었습니다.

"맥주, 조금을 먹더라도 제대로 마시자."

이제는 맥주가 생각나면 유리잔부터 챙깁니다. 맥주캔을 45도 각도로 기울여 안에 있는 잔여물과 거품이 적절히 섞여 나오도록 조신하게 따라봅니다. 차를 마시거나 와인을 마실 때도 예법이 있는 것처럼 맥주를 위한 나만의 예의를 차려봅니다.(오늘 한 잔도 잘 부탁드립니다……) 진한 홉의 향과 거품의 크리미함을 더 잘 느낄 수 있습니다. 맥주는 거의 모든 안주와도 잘 어울리는데요. 그게 또 장점이자 단점이 될 수 있습니다. 한 입 꿀꺽. 맥주 본연의 향을 느끼기도 전에 맵고 짠 안주들이 자꾸 치고 들어옵니다. 눈물을 머금고 매운 닭발과 닭똥집튀김 치킨과도 이별을 했습니다.(아니 전생에 닭들이랑 무슨 원수지

간이었냐고요…… 너무 맛있지 않습니까.) 크래커나 치즈 과일 안주랑 간단하게 먹습니다. 그러자 딱 한 캔 만으로도 만족스러움을 느끼기 시작했습니다.

윌리엄 셰익스피어는 말했습니다. "맥주 한 잔과 목숨의 보증만 손에 넣을 수 있다면 명예 같은 건 버려도 괜찮다." 요즘 동네에도 수제맥주집이 하나 둘 오픈했습니다. 전용잔에 담긴 채로 각자의 개성 넘치는 색감의 수제맥주를 마시러 얼른 달려가고 싶습니다. 여름은 맥주를 마시기에 좋은 시절이니까요.

산책은 마음을
바람에 말려요

아기는 새벽 내내 뒤척였다. 이른 아침 부족한 잠을 자느라 쌔근쌔근 숨을 내쉰다. 엄마도 아가를 닮아 아침잠이 많아졌다. 그런 날이면 온몸을 짓누르는 중력이 조금 아파온다. 첫째 아이가 일어나 작은 발로 등을 밟아주었다. 어깨 위에 돌덩이 같던 피로들이 잘게 부서졌다. 어깨를 툭툭 털고 일어서는 순간 피곤함은 가루가 되어 사라졌다.

"얼른 눈꼽만 떼고 새로운 날의 햇님을 맞으러 가자."

눈꺼풀이 퉁퉁 부은 아이들과 서둘러 길을 나섰다. 여름철 태양은 부지런해서 늘 먼저 나와 반긴다. '정각 일곱 시'인데 이미 해가 중천이다. 곧 불볕더위가 시작되었다. 아직 지면을 어루만지는 바람이 선선한 덕분에 그늘을 찾아다니면 꽤 시원하다. 아침 햇살은 사진관에

가슴이 답답하고 숨쉬기가 힘드신가요?

켜놓은 조명처럼 밝고 따뜻하다. 그 아래에서 땅을 꾹꾹 밟으며 하루를 깨워본다. 오늘 하루에게 인사를 전한다.

산책을 하다보면 늘 같은 사람들을 마주친다. 같은 시간에 마주치면 은근한 경쟁구도가 펼쳐진다. 동네 어귀에 치킨집 사장님은 늘 같은 시간에 샷터를 올리고 식탁에 앉아 신문을 본다. 밍기적거리다 십 분을 늦게 나온 날에는 아저씨는 이미 다 본 신문을 접고 비질을 시작하신다.

집으로 돌아가는 길에는 늘 쪽빛으로 물들인 한복을 입은 할아버지가 자전거를 타고 가신다. 노장의 연세에도 불구하고 오르막길을 벅참 없이 타시는 모습이 한두 번 오르신 솜씨가 아닌 듯하다. 할아버지의 페달 구르는 모습을 만나면 왠지 모르게 푸근하고 반가워진다. 각자의 사연들을 등에 진 채 움직이는 사람들. 그들과 함께 하루를 시작하는 건 어쩐지 어깨를 나란히 하고 달리는 기분이 든다. 뒤에서 조용히 그들을 따라가고 싶어진다.

집에 돌아오면 잠이 덜 깬 부스스한 아이들을 씻긴다. 머리에 지은 새집에 물 발라 곱게 빗어준다. 아기는 참 신기하다. 손수건에 물을 묻혀 뺨을 씻어 주었을 뿐인데 뽀얗게 윤이 난다. 추운 겨울 할머니가 양은 대야에 물을 받아 우리를 차례대로 씻겨 주시면서도 늘 입가엔 웃음이 세어 나왔었다. 엄마가 되어보니 할머니의 웃음을 알 것도 같다. 아이들은 조금만 돌봐줘도 화사하게 다시 태어난다. 방금 물을 준 화초처럼 저절로 일어선다.

그다음 침대를 매만진다. 야생오리들은 늘 잠자리를 옮겨 다닌다고 한다. 오소리 같은 천적으로부터 들키지 않게 자고 일어난 흔적들은 말끔히 지운다니. 부지런한 파수꾼 오리엄마가 되어 잠자리를 정리한다. 이불과 베개는 털어 아침볕에 널고, 주름진 이불들을 빳빳하게 손바닥으로 다린다. 아이들이 밤새 안고 비볐던 인형은 밤사이 꿈자리를 지켜주느라 피곤해 보인다. 베란다 양지바른 곳에 차례로 누여 열기를 식혀준다. 창문을 열어 새로운 날의 공기를 들이고 집안 곳곳을 반짝반짝 닦는다. 엄마의 손길과 온기가 닿는 곳곳마다 죄다 새롭게 태어난다. 부지런히 정붙이고 돌봐주면…… 사는 게 점점 재밌어진다.

가슴이 답답하고 숨쉬기가 힘드신가요?

인센스 스틱,
25분의 힐링시간

어릴 때 친구들과 모이면 불장난을 하곤 했다. 장소는 주로 으슥한 골목이나 뒷산. 행인이 다니지 않는 곳이었다. "너는 아빠가 담배를 피우니까 라이터를 챙겨오고, 너는 집에 불쏘시개 할 만한 게 뭐 있나 뒤져보고, 나는 가서 깡통을 구해올게." 그때 길거리에는 다 쓴 분유통이나 페인트 통을 어렵지 않게 구할 수 있었다. 과자봉지나 다 쓴 종이를 한 장씩 구겨 넣을 때마다 현란하게 타오르는 불꽃을 바라보는 게 좋았다. 가슴속에서 따뜻한 액체가 꿈틀대고 있음을 느낄 수 있었다.

하루는 시골 할아버지댁에 방문했다. 북한을 코앞에 둔 휴전선 인근 시골마을이었다. 그날은 전국 각지에서 모인 친척들로 앞마당은 인산인해를 이루었다. 잔칫날이었다. 마루에 다 앉지 못할 만큼 많은 사람들이 모여들었다. 마당 여기저기에 은박 돗자리와 멍석을 깔고 그 위에도 상을 차렸다. 남자들은 개울가에 나가서 집에서 키우던 개를 잡아왔다. 부엌에 있는 여자들은 남자들이 건넨 묵직한 냄비를 받아들곤 눈썹을 찌푸리며 깻잎과 들깨가루를 넣곤 얼큰하게 탕을 끓여냈다.

시골 앞마당에 어둠이 내릴수록 잔치는 고조되었다. 누군가 틀어 놓은 카세트 리듬에 맞춰 막걸리에 취한 어른들이 춤을 추자 아이들이 따라 추기 시작했다. 은박 돗자리에 흰 양말을 신은 발을 비빌수록 춤은 현란해졌고 발바닥에는 금방 불이 날 것만 같았다. 그때 할아버지께서 마당 옆에 덤불을 수북이 쌓아 올려 불을 피우셨다. 시골에서 피우는 천연 모기향이라고 하셨다. 공기 중에 춤추는 하얀 연기와 진한 나무 타는 냄새가 더해질수록 잔치는 무르익어갔다.

요즘도 종종 집에서 향을 태운다. 불장난을 하던 어린 시절 기분에 사로잡히기도 하고 시골집 모기향을 떠올리게도 한다. 키즈카페도 놀이공원도 없던 그 시절 향 피우는 법을 알았더라면 불장난을 덜 했을까. 아마 아닐 것이다. 그때는 위험하고 아슬아슬할수록 더 좋았으니까. 그럴수록 자꾸 어른이 되는 기분이 들었다. 모험과 충동의 시절을 지나고 나이를 먹으니 이제 위험한 건 되도록 피하고 싶다. 안전하고 따뜻하고 싶은 욕구가 커져간다. 창문이 찢어질 듯이 천둥치는 날에도 집안에 앉아 향초를 켜면 불안과 걱정들이 사그러든다.

인도에서 향은 종교행사에 사용되었다. 주로 벌레를 쫓고 악취를

가슴이 답답하고 숨쉬기가 힘드신가요?

가리기 위해 사용했다고 한다. 그윽한 향기와 하얀 연기는 종교행사에 신성한 분위기를 더욱 자아낸다고 한다. 우리가 사는 동아시아에서 향은 부정을 쫓고 정신을 맑게 한다하여 제사에서 빠지지 않는다. 요즘 사람들이 가볍게 사용하는 인센스 스틱은 침향, 백단 등 한약 베이스에 향기를 넣어 만들어졌다. 나무향이 그윽한 나그참파, 더문, 찬단, 일랑일랑, 머스크, 레인포레스트 등 향기가 다양하다. 향은 주로 인센스 홀더 꽂아서 태운다. 홀더는 도자기나 금속, 우드재질 등 여러 가지 소재가 있다. 나무로 짠 고전적인 것부터 유리와 조개모양의 현대적 감각까지 다양하다. 나는 주로 도자기 홀더에 향을 꽂고 타들어가는 모습을 관람하는 걸 즐긴다.

나만의 공간을 내가 고른 향으로 메우는 일은 즐겁다. 그날의 조도와 습도, 감정 상태에 따라 골라 피울 수 있다. 늘 같은 집이지만 향을 태우는 25분 동안은 다른 시공간 속을 향유하다 나오는 기분이 들곤한다. 대체로 선향을 쓰는 편이다. 죽향과 선향은 대나무 심지가 없이 향에 쓰이는 재료를 응축시켜 만든 것이다. 연기나 향이 은은해서 실내에 적합하다. 향초를 태우는 것은 연소의 과정이니 꼭 창문을 열거나 환기가 잘되는 곳에서 사용해야 한다.

요즘은 천연 나무 방향제인 '팔로산토'도 인기이다. 화학성분이나 인공 향을 가미하지 않은 자연 그대로 채취한 나무 방향제이다. 스페인어로 팔로산토는 '신성한 나무'를 뜻한다. 영어로는 '생명의 나무'

엄마의 삶에도 문진표가 있나요?

라 한다. 주로 원주민들이 나쁜 액운과 기운을 몰아내기 위해 불을 피워 제를 올리던 것에서 기원한다. 짧은 나무토막 끝을 태우면 언제 어디서나 숲속의 향을 느낄 수 있다.

'오늘은 어떤 향을 태울까……?'

비가 추적추적 내리기 시작한 가을밤에 어울리는 향을 골라보았다. 짙은 우드향 나그참파에 불씨를 붙였다. 향은 빠른 속도로 타들어가기 시작했다. 잠시 모든 걸 멈추고 공중에 부유하는 연기를 가만히 바라본다. 그동안 너무도 당연해서 알아차리지 못했던 것들을 의식하기 시작한다. 연기가 부유하며 집안을 가득 채운 공기의 속도와 풍향이 눈 안에 담겼다. 한 폭의 정물화 같던 집안이 흐르는 생명력으로 가득 차는 묘한 기분이었다. 연기는 리듬체조 선수가 리본으로 그림을 그리듯 흐르는 선으로 아름다운 흔적을 남겼다. 불멍이 아니라 향멍이라 불러도 좋을 것 같다.

향초를 태우는 시간은 마치 요가를 하고 명상을 하는 것과 같다. 잔뜩 긴장되었던 일상을 내려놓고 온전히 자신에게만 집중할 수 있다. 향이 타들어가는 짧은 시간동안 파도를 닮은 연기의 파장을 바라보며 하루를 정리해본다. 붉게 타오르던 불씨는 곧 회색 재투성이 기둥이 된다. 불씨가 다 타고 짧아져 꺼지면…… 오늘의 나는 접어두고 새로운 내일을 맞을 준비를 한다. 내일의 나를 위한 오늘을 소독하는 혼자의 경건한 의식. 만약 신이 있다면, 그를 위해 두 손을 들고 기도

가슴이 답답하고 숨쉬기가 힘드신가요?

하는 사람들의 기분은 이런 느낌일까. 때론 어리석고 탐욕스러우며 실수투성이일지라도 그런 자신의 모습을 보듬어주고 도닥여 본다. 오늘 하루를 잘 살아낸 용기로 그렇게 내일 하루도 잘 살아낼 수 있을 거라는 희망이 차오른다. 끝이 있다는 건 아름다운 것이다.

끝나가는 짧아진 불씨가 못내 아쉬워진다. 일 분 일초를 놓치고 싶지 않은 마음은 나이를 먹고 노년기에 접어드는 내게 생겨난 욕심과 고집과도 닮았다. 이 세상을 살다 간 사람들이 모두 한 줌의 회색빛 재가 된다고 해도, 끝까지 꿈 하나를 마음에 품고 열기에 들떠 살다간 사람에게서 아쉬움의 재가 남지 않기를 바라본다. 백발의 꼬부랑 노인에게도 '이제 그만 살아도 좋은 삶'은 없다. 사랑하는 사람의 온기가 이 세상에 남아있는 한 곁에서 불씨를 지켜주는 불쏘시개처럼 살아가고 싶다.

향초의 불씨는 꺼져도 방안 곳곳에 침구와 옷가지 사이사이에 오래도록 은은한 향기로 남는다. 조용히 살다가 소리 없이 사라질 누군가의 운명이…… 한 줌의 재와 같다는 걸 생각한다. 이제부터라도 은은한 향기를 지닌 사람으로 살아야겠다. 나는 내일 만날 나를 믿기로 한다. 내일은 또 다른 '나'라는 향초에 불씨를 붙이는 시간이다.

엄마의 삶에도 문진표가 있나요?

박물장수처럼
살고 싶어

나도 모르게 노랫말을 흥얼거릴 때가 있다. 마치 머릿속에 라디오가 막 켜진 것처럼 낯설다. 또 어느 날은 잊고 살던 사람의 냄새를 떠올리기도 한다. 기온이나 날씨, 태양의 고도, 주변 환경이 단서를 제공하기도 한다. 이러한 것들은 비언어적 기억이라 한다. 멜로디, 소리와 소음, 냄새, 맛과 감각, 이미지, 모형 등을 저장하고 복구해내는 능력이다. 나에게 있어 기억이란 주로 말소리와 글자의 형태로 머릿속에 저장되어 왔다. 되돌려보기에도 편하고 누군가에게 이야기로 전할 수 있어 즐겁다. 반면 비언어적 기억은 동물적이고 감각적이다. 과거에 느낌이 순간적으로 되살아날 때면 이를 정확히 표현할 언어를 고르는 일은 쉽지 않았다. 뒤틀린 시공간은 잠시 나를 과거로 되돌려 놓는다.

아기들은 흥미로운 물건을 보면 우선 입속에 넣어본다. 빨고 물어보며 사물의 감각을 저장한다. 그래서일까. 어린 시절 기억에는 소리

가슴이 답답하고 숨쉬기가 힘드신가요?

와 촉감만이 존재하는 순간들이 있었다. 초등학교를 입학하던 날 입었던 새 옷과 가방의 촉감, 한 여름철 허공에 울려 퍼지던 소리들 말이다. 창문 밖 골목에서는 아이들이 자주 공놀이를 했다. 발등이 공에 압력을 가할 때 펑하는 소리가 시원하게 들렸다. 두부 장수의 종소리와 콩나물 장수의 목소리가 담긴 녹음 테이프가 울릴 때면 엄마들은 지갑을 꺼내들고 현관문을 밀고나갔다. 그중 어린 나의 시선을 사로잡았던 건 커다란 트럭의 박물장수였다. 하울에게 움직이는 성이 있다면 우리 동네에는 움직이는 마트가 있었다. 어떻게 쌓아올렸는지 모를 트럭 위에는 나무 도마와 뒤집개, 채반 같은 주방도구들이 산더미처럼 쌓여 있었다. 더욱 신기한 건 필요한 걸 말만 하면 아저씨는 한 번에 꺼내오는 백만 불짜리 기억력의 사나이였다.

어떤 날에는 집 앞에 이동식 도서관이 찾아오기도 했다. 겉에는 관광버스처럼 생겼지만 계단을 오르면 영락없는 도서관이 펼쳐지곤 했다. 손가락으로 책등을 스치며 고르는 순간에도 나는 자주 멀미를 경험하곤 했다. 비록 정차해 있지만 버스에서 나는 방향제 냄새는 과거의 멀미를 실어오는 묘한 기분이 들었다. 정해진 시간동안만 골목길에 나타났다 사라지는 이동식 도서관은 어린아이들에게 책을 향한 호기심과 애정을 자아내기에 충분했다. 무료하고 심심한 날이면 손수 찾아와주던 이 깜짝 친구의 방문이 가끔은 그리워지기도 한다.

별안간 핸드폰이 울렸다. 오래전에 저장된 사진이 담긴 어플이었다. "삼 년 전 추억을 감상하고 가실게요"란 문구가 나타났다. 사진 속에 아이들이 몰라보게 작아져 있었다. 아이들은 삼 년이란 짧은 시간동안 왕성하게 자라났던 것이다. 매일 씻기고 먹이고 입히는 자식 키우기는 끝이 없이 순환되어 왔다. 사진 속 속도라면 아이들은 너무 빨리 커서 훌쩍 떠나버릴 것만 같았다. 관성에 몸을 내맡긴 채로 좀처럼 세월이 흐르는 속도를 모르고 살아왔던 것이다. 새삼 오늘이 소중해져 붙잡고만 싶어졌다. 지나간 사진들 구석에는 늘 책이 함께였다.

겨울 눈 쌓인 캠핑장에서는 김홍희 작가의 《방랑》을, 만원 통근버스에서는 《에브리맨》을, 푸른 자연에 둘러싸인 영랑호에서는 《랩걸》을 그리고 우체국 앞에서는 《네루다의 우편배달부》를 읽고 있었다. 사진 속 아이는 옆에 앉아 동화책을 열심히 읽고 있었다. 이사를 자주하는 직업을 가진 남편을 따라 우리는 박물장수처럼 돌아다녔다. 모든 계절마다 새로운 지역을 돌면서도 늘 책과 함께였다. 본의 아니게 도서관 회원카드를 지역별로 모으기 시작했다.

사랑하면 닮아간다고 했던가. 오래된 책 냄새를 사랑하던 아이는 점점 이동식 도서관을 닮아간다. 산 비탈길도 비포장도로도 아이들을 태우고 부지런히 책을 실어 달린다. 이제 읽는 삶 위에 쓰는 삶 하나를 더 얹었다. 매일 책상 앞에 앉아 봄처럼 새로 태어난다. '삶의 한가운데'에 선 나는 어쩌면 '밤으로의 긴 여로'에 막 올라섰는지도 모른다. '우아한지 어쩐지 모르는' 나의 어린 시절 '여름은 오래 그곳에 남아' 자꾸만 과거로 나를 데려다 놓는다. 지나간 시간은 익숙하지만

다가올 시간은 낯설고 불편하다. 그럼에도 내일을 기대하게 되는 건 아직 읽지 않는 책들이 세상에 넘쳐나기 때문인지도 모르겠다. "일찍 책장을 덮지 말라. 삶의 다른 페이지에서 또 다른 멋진 나를 발견할 테니." 시드니 셸던이 말했다. 내일은 삶의 어떤 책장을 펼치게 될까. 기왕이면 진한 로맨스 소설이라면 더 좋겠다.

엄마의 삶에도 문진표가 있나요?

초대하지 않은 손님이
캠핑장에 찾아오다

코로나로 인한 실내생활에 몸과 마음이 답답해졌다. 지친 일상은
계속되는데 잠시나마 풀고 해소할 수 있는 교류가 사라진 것이었다.
떠나고 싶은 이들은 주말마다 캠핑장으로 몰려들었다. 가족끼리 한
텐트에 모여 자연 속에서 쉼표를 찍고 갈 수 있다니…… 얼마나 멋진
일이던가. 코로나 덕분일까, 어른들의 약속과 회식이 없어지자 아이
들과 함께하는 시간이 늘어났다. 재난지원금으로 무얼할까 고민하다
캠핑장비를 구입했다. 드디어 집을 떠날 수 있게 되었다.

　전날 밤 초보캠퍼들을 위한 카페를 뒤졌다. 알려준 대로 트렁크 안
에 테트리스로 짐을 실어 넣었다. 캠핑장에 도착하고 아이들을 먼저
그늘 아래 의자에 앉혔다. 이제 우리만의 낭만적인 집을 지으면 된다.
오늘 하루 가족들이 실거주할 튼튼한 집을 짓는 일은 생각처럼 쉽지
않았다. 여기저기 캠핑 고수들로 보이는 사람들에게 도움을 요청할

가슴이 답답하고 숨쉬기가 힘드신가요?

까 고민하다가 결국 두 시간 만에 완성했다. 망치를 들고 땡볕 아래에서 고생한 남편은 땀에 젖은 티셔츠를 여러 벌 갈아입었다. 사무실에서 컴퓨터를 만지던 고운 손가락에는 거친 땅을 두드리며 뚝살이 박혀버렸다. 집에서는 알전구 하나 제대로 갈지 못하던 남편이 캠핑장에서 이토록 상남자라니…… 이것이 캠핑효과인가.

캠핑지에서도 일상은 계속된다. 집에서처럼 요리하고 먹고 치우는 일이지만 소꿉놀이처럼 재미있었다. 길 위에서 펼쳐진 일상이 신기한 아이들은 입가에 미소가 멈추질 않았다. 햇빛과 바람 아래에서 요리한 음식들은 눌러붙어도 꿀맛같이 달고 맛있었다.

어느덧 캠핑장에도 까만 밤이 내렸다. 검은 융단을 깔아놓은 것 같은 밤하늘 아래 봉긋 솟은 텐트들이 옹기종기 모여 있었다. 화롯대에 불을 피우고 마시멜로우를 굽는 사람들, 조용히 빔을 틀고 영화를 감상하는 사람들을 바라보는 것만으로도 낭만적이었다. 그 옛날 크로마뇽인이 동굴 속에 그려 넣은 라스코 벽화를 보는 기분이었다. 까만 밤 아래에 저 마다의 삶은 모두 환상적으로 빛이 났다. 사람들은 저마다의 방식으로 고요히 삶을 치유하고 있었는지도 모르겠다.

캠핑장에서의 밤은 화장실을 뺀 모든 순간이 아름다웠다. 싸늘한 신호가 오고 손전등 하나에 의지해 화장실로 갔다. 가로등 불빛으로 날벌레들이 새카맣게 날아들었다. 그 힘없고 작은 벌레들이 두려워 주춤하던 순간 무언가와 눈이 마주쳤다. 초록색에 축축하고 물컹한 생명체였다. 사우나에 다녀온 듯 촉촉한 피부에는 오돌토돌한 발진들이 나 있었다. 사람을 발견하곤 몸 전체를 고무풍선처럼 부풀리던 녀석은 초록색 밭을 향해 유유히 사라졌다. 화장실 앞에 끝없는 논밭이 광활하게 펼쳐져 있었다. 잔잔한 밤바람이 논밭을 간질이자 초록 생명체들의 단체로 노래를 시작했다. 울음주머니를 부풀린 우렁찬 울음소리는 별들이 빛나는 하늘 위로 울려 퍼졌다.

"사장님 어제 화장실 옆에서 울어대던 애들 이름이 뭐예요?"
"맹꽁이야. 걔네가 좀 못생겼어도 멸종위기 야생동물이라우."
"와, 어쩐지 맹꽁 맹꽁 울더라구요."
"맹꽁이는 한 놈이 맹 하고 울면, 다른 녀석이 꽁 하고 울지. 그래서 맹꽁이라우. 암컷이 사랑하는 수컷과 다른 수컷을 착각하지 않기 위해서 그리 운다는구먼."
"맹꽁이 녀석들 꽤나 사랑스러운데요?"

어젯밤 맹꽁이들이 울던 논밭에 다시 갔다. 새들이 논두렁에서 벌레를 잡을 뿐 너무도 고요했다. 모카포트에 커피를 갈아 넣고 불 위에 올렸다. 보글보글 끓어오를 때쯤 아이들이 텐트에서 나왔다. 사이다처럼 청량한 공기에 원두향이 더해져 그윽이 퍼져왔다. 사막처럼 칼칼해진 목에 따뜻한 커피 한 잔을 삼켰다. 살아있는 기분이 들었다. 헝클어진 머리에 내복차림인 아이들 손을 붙잡고 산책을 했다. 아이

가슴이 답답하고 숨쉬기가 힘드신가요?

들은 풀꽃에 이름을 붙여주었다. 어디선가 불 향기가 나는 것 같았다. 나무 위에 단풍잎이 말라 쪼그라들기 시작했다. 가을이다. 아쉬운 마음으로 팩을 뽑고 짐을 꾸렸다.

다음날 퇴근한 남편이 초인종을 눌렀다.

"띵~동댕"

"누구세요? 맹~(여보야)?"

"꼬옹~~(나왔어요)!"

"어쩐담 우리 남편 목소리가 아닌 것 같은데?"

"군밤 사왔다. 식기 전에 얼른 열어."

"끼야…… 아빠 최고!(우르르르 우당탕~꽈당!)"

"으이그 맹꽁이들. 조심해야지."

덧, 논밭에서 열심히 울던 맹꽁이 가족들도 긴긴 겨울 안녕히 잘 지내시길.

나의 모습을
일기장에 그려요

일기를 쓰는 삶

여행지에서 집이 간절하게 그리워질 때가 있다. 등이 배기는 잠자리와 멀미도 그럭저럭 이겨낼 만하다. 하지만 화장실은 늘 문제였다. 여행지에 숨겨진 맛집을 그냥 칠 수 없어 하나씩 사먹다 보면 배설에 문제가 생기곤 한다. 집에서는 야채와 고기의 비율 그리고 과일을 신경 쓰고 챙겨먹는 편이다. 그러나 여행 중에는 대체로 영양소나 균형 따위는 무시한 채 입안을 즐겁게 몰두하는 편이다. 그래서 곳 탈이 난다. 장칼국수, 마늘 바게트, 물회, 어묵을 잔뜩 먹어도 화장실을 못가니 결국 배가 아파온다.

시장을 찾을 때가 되었다는 신호이다. 조그만 마을입구 시장에서 가서 과일 한 봉지를 산다. 칼이 없이 물에 씻어 껍질째 먹을 수 있는

가슴이 답답하고 숨쉬기가 힘드신가요?

자두나 천도복숭아 같은 과일을 고른다. 전부 씻어 봉지째로 배낭이나 트렁크 안에 넣어 둔다. 가끔씩 입이 출출하거나 목이 마를 때 베어 물면 시원하고 든든하다. 편의점에서 맥주를 구입할 때 유산균 음료나 과채주스를 사서 쟁여두는 것도 좋다. 다음날 아침 훌륭한 요원이 되어줄 테니. 자자 믿어보시라.

부끄럽지만 배설 문제는 살면서 중요한 부분을 차지한다. 책을 읽을 때도 마찬가지였다. 책 속에 소개된 다른 책들이 궁금해서 끊임없이 거미줄 독서를 하곤 한다. 책 읽기처럼 혼자서 하는 취미를 가진 사람들은 종종 외로움을 견뎌야 한다. 독서를 위한 시간을 마련하기 위해 내키지 않는 모임을 사양해 본 적도 있다. 책이 쌓이다 보면 글이 써보고 싶어진다. 일기가 되었든 서평이 되었든 도전 욕구를 불러일으킨다. 글로 자기표현을 해보고자 하는 배설의 욕구가 시작된 것이다. 묵묵히 일상을 지내다가도 어느 날엔 다 쏟아내야만 살 것 같은 날이 있다. 그런 날이면 일기를 쓴다.

스치듯 떠오르는 생각들은 일단 메모장에 적어둔다. 굵직한 말들이 쏟아져 나오는 순간에는 주로 일기를 쓴다. 일기는 흰 도화지처럼 자유롭다. 형식에 얽매이지 않아도 되고 누군가 내 글을 읽진 않을까 초조해하지 않아서 좋다. 살면서 부당한 대우를 받았을 때 일기장에 무가해한 폭력을 쏟아내기도 하고, 왠지 자신이 없을 날엔 그런 자신을 벌거벗고 들여다볼 수 있는, 꾸미지 않은 일기를 쓰는 일은 나 자신과의 대화이기도 하다. 일기를 쓰면 이젠 아물었다고 착각했던 내

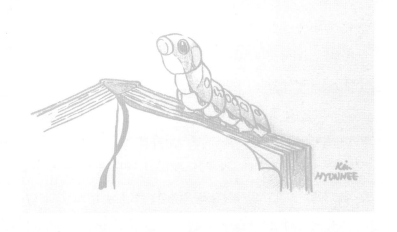

"나무 연필을 꼬옥 쥐고 사각사각 끄적이는 행위의 기쁨.
종이 한 장으로 세상을 바꿀 순 없겠지만……
내면에 생겨난 조그만 파동은 결국 나를 바꾸어간다."

면의 상처들도 보듬고 살려고 애쓰는 자신과 만난다. 감사 일기를 쓰는 날에는 아이처럼 벅차오르는 설렘도 느낄 수 있다. 일기는 삶을 다면적이고 명료하게 만든다.

"나무 연필을 꼬옥 쥐고 사각사각 끄적이는 행위의 기쁨. 종이 한 장으로 세상을 바꿀 순 없겠지만…… 내면에 생겨난 조그만 파동은 결국 나를 바꾸어간다."

여행하다 보면 호텔 한구석에 늘 책상과 의자가 있다. 어두컴컴한 방안은 주광색 스탠드가 밝혀준다. 따뜻한 물 샤워를 하고 가운을 입은 채 원목 의자에 앉아본다. 책상 위에는 희고 빳빳한 메모장과 볼펜이 덩그러니 놓여 있다. 딱히 쓸 말이 없어도 일단 펜을 잡는다. 그림을 그리고 낙서를 하다가 떠오르는 단어 하나를 적어본다. 연달아 무엇이든 적어본다. 눈에 보이는 호텔 창밖의 풍경부터 세제 냄새와 온습도 이불의 촉감까지 하나씩 적어 내려간다. '이런 말도 안 되는 글을 쓰는 사람이 나 말고 세상에 또 있을까?'라는 생각으로 쓰다보면 긴 실타래에 걸려 마음속 진짜 말들이 딸려 나오기 시작한다. 자신만의 고유한 이야기이다.

집에서도 종종 책상 위에 호텔 메모지를 닮은 도톰한 메모지를 비치해둔다. 만년필이나 외국에서 사온 고급 연필은 아니지만 빳빳한 흰 종이만으로도 대접받는 기분이 든다. 연필깎이에 HB 연필을 넣고

엄마의 삶에도 문진표가 있나요?

뾰족하게 날을 세운다. 그림을 그리는 용도였던 도톰한 흰 종이 위로 풍경을 그리듯 글을 채워간다. '이 부분에 나무를 세우고 저기엔 구름을 찍어줘야지'란 기분으로 나를 둘러싼 현실을 글로 그려내는 일은 즐겁다. 작가와 저술가를 뜻하는 영어 Writer는 '쓰는 사람'을 뜻하기도 한다. 나의 삶은 '내가 가장 잘 아는 전문가'라는 자부심을 가져본다. 일기를 쓰면 모두가 작가가 될 수 있다. 그것은 나만의 '고유한' 이야기이다.

"If there's a book that you want to read, but it hasn't been wrriten yet, then you must write it."

"당신이 읽고 싶은 책이 있지만 아직 그런 책이 존재하지 않는 다면, 당신이 그런 책을 쓰면 된다."는 유명한 명언이 있다. 창문 한구석에 작은 책상을 두고 좋아하는 책들을 쌓아보면 어떨까. 메모지와 일기장에는 '비밀리에 써내려갈 당신만의 책'이 쓰이길 기다리고 있다. 우리는 집에서 누구나 작가가 될 수 있다.

나는 오늘 이런 일기를 써보았다

유광 코팅된 일기장을 샀다. 햇빛에 놓고 돌려보면 무지갯빛이 난

가슴이 답답하고 숨쉬기가 힘드신가요?

다. 계절과 시간과 날씨마다 다 다른 색으로 발광한다. 주변 환경에 쉽게 물들곤 하던 나의 마음을 닮아서 좋다. 바쁜 현실 속에서 나는 늘 종종걸음 친다. 마음속에 말들을 애써 외면한다. 욕조에 물을 채우듯 생각이 꿀렁꿀렁 차오른다. 가만히 지켜보다가 한계점에 다 다르면 좋아하는 원목 의자에 앉아 일기를 적었다. 같은 곳에서 같은 일을 반복하며 관성처럼 써내려간다. 일기장은 묵묵히 나의 이야기를 들어줄 뿐 잔소리가 없다.

좋아하는 음악을 잔잔하게 켜고 창문을 연다. 밖에선 매미가 라디오처럼 지지직 울었다. 뜨거운 열기를 품은 여름철의 눅눅한 공기가 커튼을 밀며 들어온다. 동그란 시계는 이제 오후 여섯시. 곧 있으면 마법 같은 시간이 찾아든다. 들뜬 열기로 바사삭 타들어가던 햇빛은 하늘위에 분홍색 보석을 흩뿌린다. 현란한 노을은 더위와 싸우느라 지쳤을 많은 이들을 위로한다.

여름과 겨울은 지갑이 가벼운 이들을 골라 괴롭힌다. 어르신들은 에어컨이 있어도 잘 켜지 않는다. 여름이면 혼자 사는 울 엄마도 두 뺨이 자두처럼 분홍색으로 물들어 있었다. 그러곤 입맛이 없다고 하셨다. 올 여름엔 차가운 메밀국수를 대접했다. 국수집에서 꽝꽝 얼린 육수와 가지런히 제면된 국수를 들고 들어가는 길가에 산에서 시원한 바람이 불어왔다. 바람이 나의 몸을 훑고 지나갔다. 엄마랑 함께 살던 어린 시절 온갖 추억들이 일렁이고 가슴 뛰게 하는 해질녘이었다. 속 시끄러웠던 마음도 수줍은 듯 불 빨간 하늘 앞에서 표표히 녹아내렸다.

'엄마인 나에게도 엄마가 있다는 건 좋은 일이야……'

마음 진단 올림픽

심심풀이 문진표를 풀고 나의 상태를 진단해보세요.

테스트

붕어빵 어디부터 먹을까요?

➊ 머리
➋ 배
➌ 지느러미
➍ 꼬리

결과발표

나는 어떤 사람일까?

1. 머리

지금 이 순간이 소중한 당신. 당신은 열정적이며 현재에 충실한 사람입니다. 열정적인 성격만큼 언변도 화끈한 편인데요. 소중한 사람들과 대화를 할 때는 항상 "말조심"하시길 바랍니다.

2. 배

사람들 사이에서 조용한 당신은 속이 강한 사람입니다. 자칫 내향적으로 비칠 수 있으나 사람들을 대하는 배려와 공감능력이 좋아 은근한 인사이더입니다. 사람을 사귈 때는 오랜 시간을 갖고 기다려 보세요.

3. **지느러미**

다른 사람들의 기분을 잘 파악하는 당신은 분위기 메이커. 둔감한 편이라 누군가 당신을 좋아해도 쉽게 알아차리지 못합니다. 자칫 모든 사람들에게 잘 대해주려는 욕심에 번 아웃이 올지도 모르니 때로는 자신을 먼저 챙길 것을 잊지 마세요.

4. **꼬리**

말보다 행동이 먼저인 당신은 의리파입니다. 사람들 사이에서 말 많고 나서는 사람과 멀리하고 싶어 하는 당신. 당신은 호감을 표현할 때 입에 발린 말보다 행동으로 전하는 편인데요. 덕분에 주위로부터 신뢰를 받습니다. 귀가 얇아 사기에 주의하시길 바랍니다.

가슴이 답답하고 숨쉬기가 힘드신가요?

4. 계절이 바뀔 때
현기증을 느끼거나
어지러우신가요?

비 내리고 꿉꿉한
여름철 장마에는 빵식을

아침부터 비가 내렸다. 습식 사우나처럼 축축한 공기에서 흙내음이 났다. 높은 하늘에서 추락한 빗방울이 베란다 난간을 때린다. 떨어지는 빗방울에 가로등은 열십자로 빛이 나고, 달도 아닌데 달무리가 끼었다. 저 멀리 점멸 신호등이 깜빡이자 캄캄한 도로 위에 주황색 별들이 쏟아진다. 모든 길거리가 코팅 한 듯 반짝이며 윤이 났다. 비 내리는 소리는 마치 작은 풀벌레들이 우는 소리를 닮았다. 자동차가 지나가자 물방울이 유리구슬처럼 아스팔트 위를 구른다. '또르르'. '후두둑'. 비가 만들어 내는 리듬은 자연의 협주곡이 된다. 여름비는 더럽혀진 길을 부지런히 쓸며 지나간다.

집안이 온통 꿉꿉했다. 방바닥은 발에 '쩍'하고 들러붙는다. 이불은 한참을 울고 일어난 듯 눅눅하고 축축했다. 차창을 열고 한바탕 쏟아지는 비를 바라보자 권태도, 우울함도 짜증조차도 깨끗이 씻어주는 기분이 든다. 나의 마음속에도 한바탕 비가 내렸다. 이제 맑을 일만 남았구나.

일주일 동안 비가 내려서일까. 화장실과 주방 싱크대에 물 마를 날이 없었다. 이런 날이면 도무지 복잡한 요리는 할 수가 없다. 가벼운 플라스틱 그릇을 꺼내어 시리얼을 부었다. 경쾌한 소리가 울린다. 냉장고에서 막 꺼낸 차가운 우유는 먹기 직전에 따른다. 우유에 담겨 눅눅한 시리얼은 햇볕에 놔둔 미적지근한 치즈처럼 먹기 힘들다. 냉동실에서 생지를 꺼내어 에어프라이어에 굽는다. 200℃에서 7분간 잘 구워진 빵이 모락모락 긴 숨을 내뱉는다. 햇볕에 그을린 듯 빵이 갈색으로 바삭바삭하게 구워졌다. 이제 식탁에 올리면 식사준비 끝.

시리얼을 한 술 떠 바작바작 씹으면 머리를 울리는 소리에 잠에서 깬다. 시원한 우유는 밤새 타들어가던 식도를 따라 위장을 쓰다듬는다. 빵을 한 조각 떼어 흰 우유 위에 풍덩 찍어본다. 어린 시절 비 내리던 날 망설임 끝에 담그던 웅덩이 속 장화처럼 말이다. 기대와는 달리 장화 속 흰 양말은 늘 축축이 젖어 있었지만 말이다. 촉촉이 젖은 빵 한 점을 입속에 넣어본다. 불편한 속을 달래주던 흰 쌀죽이 생각난다. 기운 없는 날, 상처 받은 날, 입맛 없는 날 흰 우유에 시리얼과 빵 한 조각이 때로는 간편한 위로가 되어준다. 밥상을 차리고 치우는 수고스러움 없이도 배고픈 뱃구레를 살살 달래고 채워준다.

"물 먹은 스펀지처럼 부풀어 오른 빵을 입에 넣고 부드럽게 씹자,

차갑고 꼬수운 우유가 울컥하고 쏟아진다."

　한여름 장마철. 집안이 온통 수족관처럼 물기가 차오르는 여름 한
날. 김치 통 하나로 가득 끓여 놓은 콩나물 냉국과 밥상 위에 자주 오
르는 메뉴는 바로 흰 우유와 시리얼 그리고 빵이다. 담백하고 쫄깃
하면서도 구수한 맛. 고단함을 내려놓은 가벼운 끼니에 밥걱정을 잠
시 잊어본다.

가을 끝에 선 나비

지하주차장에서 흰나비를 보았다. 나비는 희미한 형광등 아래에서 창백하게 떨고 있었다. 시리도록 차갑고 딱딱한 자동차 불빛에 속아서 갈 길을 잃어버린 것일까. 양쪽 날개에 남은 힘은 희망처럼 고갈되었다. 나비는 행인들의 발에 채일 듯 낮게 날고 있었다. 그냥 지나칠 수 없어 나비를 손에 담아 지상으로 나왔다.

캄캄한 지하주차장 밖은 밝은 낮이었다. 저 먼 곳에서 바람이 불어왔다. 목캔디와 함께 차가운 물을 들이켰을 때의 청량감이었다. 산에서 불어오는 바람이었다. 바람에선 야생나무 뿌리가 탐욕스럽게 쥐고 있던 흙냄새가 진동을 했다. 바닥이 얼룩덜룩 했다. 가을비가 내렸나 보다. 아마도 나비는 무거운 날개를 이끌고 비를 피해 지하주차장으로 왔나보다. 하늘에는 세수를 마친 말간 해가 구름을 헤집고 나오기 시작했다. 나비를 놓아주자 약간의 망설임도 없이 덤불숲으

141
계절이 바뀔 때 현기증을 느끼거나 어지러우신가요?

로 날아올랐다.

나비가 떠나서 텅 빈 손바닥을 말없이 바라보았다. 따스한 온기가 내리쬐던 어느 봄날 흩날리던 벚꽃 잎이 떠올랐다. "엄마, 떨어지는 꽃잎을 잡으면 소원이 이루어지는데." 딸아이는 순수한 마음으로 팔짝팔짝 나무 주위를 뛰어다녔다. "엄마! 어어엄마!" 소리치며 달려와 오므렸던 손가락을 하나씩 펼쳤고. 그 안에는 나비를 닮은 벚꽃 잎이 잠자고 있었다. 아이는 만선을 하고 돌아오는 어부마냥 뿌듯해 보였다.

한여름이었다. 우리는 모래 사이로 아지랑이가 피어오르던 여름날 바다에 갔었다. 더위를 피해 세 시간을 달려온 바닷가는 아스팔트보다 더한 열기를 뿜어댔다. '빨리 옷가지들 훌렁 벗어던지고 물에 들어가'라는 민박집 아주머니의 잔소리 같았다. 냉수를 표시하는 수도꼭지 위에 파란색은 바다의 색이었을까. 한여름에도 물속은 냉수처럼 차가웠다.

우리는 지칠 줄 모르는 파도를 맞으며 물놀이를 하다가 입술까지 새파래질 때 즈음 모래찜질을 했다. 파내고, 주무르고, 두드리고, 두 손 가득 쌓인 모래가 흘러내리자 손톱만 한 하얀 조개껍데기가 나왔다. 입을 벌린 한 쌍의 조개껍질은 흰나비를 닮았었다. 아이는 조개껍데기에 낚싯줄을 꿰어 만든 목걸이를 만들었다. 자신의 방 비밀창고에 고이 간직하고 있다. 아이의 조개 목걸이에는 한 여름의 더위도 추억과 함께 꿰어져 있겠지.

날아가 버린 나비는 이제 어디로 가는 걸까. 아마도 고추잠자리 친구를 만나 코스모스 물결 위를 날고 있을지도 모르겠다. 가을 김장을 위해 심어놓은 무랑 배추밭 사이에서 든든한 신랑감을 만나 아기를 낳았는지도 모르겠다. 다가올 겨울을 위해 다람쥐는 도토리를 모으고 나무는 잎사귀를 털어내어 몸을 말리는 계절 가을이다. 놀이공원 속 폐장시간을 알리는 불꽃놀이처럼 한 해가 다 가고 있음을 온 몸으로 알리듯 산에는 화려한 낙엽이 불타오른다. 날마다 바뀌는 풍경을 바라볼 때마다 달뜬 흥분을 가라앉히고 아쉬움을 달래본다.

"상실의 계절". 이제는 가을이 외롭고 두렵지 않다. 하늘 위를 가르는 철새들처럼 잘 보내주어야 다시 돌아오리라는 걸 알기 때문이다. 가을은 다시 돌아오라는 "약속의 계절"이다. 나비는 봄을 데리고 다시 돌아올 것이다.

계절이 바뀔 때 현기증을 느끼거나 어지러우신가요?

한겨울 속에서도
부지런히 자란 우리들

곤히 잠든 두 아이들을 뒤로 조용히 거실에 나왔다. 주광색 스탠드 하나를 딸각 켜자 온 집안에 따뜻한 빛이 내려앉았다. 하얀 철제 보온병에 담아둔 커피를 잔에 또르르 소리 내어 따르곤 노트북 앞에 앉았다. 해가 뜨지 않은 겨울의 아침이다. 오늘 하늘은 눈을 가득 껴안은 듯 묵직하다.

오늘 아침은 온기가 남아있는 이불을 털며 시작된다. 한숨 더 자고 싶은 욕망과 어제의 먼지와 근심들도 함께 털어낸다. 창문을 열자 폐 속으로 '날것' 그대로의 공기가 들어찼다. 새날의 설렘도 함께 채워졌다. 바람이 잘 통하는 곳에 이불을 널어 따뜻한 햇빛에 바사삭 굽는다. '오늘밤도 지치고 고단하겠지.' 밤이 오면 침대 위에 누워 잘 마른 이불의 촉감을 느낄 수 있도록 미리 자신을 위해 작은 선물을 준비한다. 나의 하루는 연극 무대 위에 장막을 올리듯 이불을 손질하는 일

엄마의 삶에도 문진표가 있나요?

로 시작해 무대를 덮는 일로 끝난다. 이불은 일종의 커튼콜인 셈이다.

겨울철은 환기가 어려운 계절이다. 신선한 바깥 공기를 얻으려면 따뜻한 온기와 이별해야 한다. 익숙한 걸 바꾸는 일은 쉽지 않다. 얼마 전 아이가 유치원을 졸업했다. 사물함을 정리하며 갖고 온 크레파스에서 반 이름을 떼어내다가 선생님 얼굴이 떠올라 울컥했다. 이름표를 떼어내는 손톱 사이로 이별의 아픔이 파고들었다. 그 후 아이는 초등학교에 입학했다. 코로나가 터졌다. 친구와 바깥세상이 없는 기묘한 생활 속에서도 부지런히 자라는 아이를 보며 마음속에 불편한 스티커를 떼어낼 수가 없었다. 내가 살던 어린 시절은 달랐다. 다섯 손가락을 펼쳐 얼굴에 대면 늘 풀냄새와 흙냄새가 코를 찔렀다.

"욘 녀석들아, 막 돌아다니다가 개구리소년 된다! 얼른 집에 들어가!"

그 시절 아이들은 어른들의 잔소리에 아랑곳 않고 쏘다니기에 바빴다. 매일 새로운 것들을 탐색하러 떠돌아다니기 위해 태어난 아이들 같았다. 하루는 동네 뒷산에 올라 약초를 캐자며 잡초를 땄고, 운수 좋은 날엔 커다란 사마귀도 잡았다. 두 손에 날이 선 호미를 쥐고 약이 바짝 오른 사마귀가 그날 아이들의 장난감이 되곤 했다.

하루는 학교 문 앞에서 노란 병아리를 사왔다. 할아버지는 박카스 종이상자에 구멍을 숭숭 뚫어 병아리를 담아 주셨다. 집에 돌아오는 길에 조그만 구멍에서 나오는 녀석의 기운찬 울음소리에 가슴이 방망이질 쳤다. 얼른 슈퍼에 뛰어가서 커다랗고 튼튼한 상자를 구했다. 따뜻한 주광색 전구를 달아 집을 아늑하게 만들어 줬다. 서랍장에서 가장 아끼는 니트 하나를 꺼내어 상자 바닥에 깔아주었다. 엄마한테는 작아졌다고 둘러댈 셈이었다. 조그만 생명력 하나가 전해준 삶의 열기로 들뜬 밤을 지새웠다.

다음날 아침 노란 병아리는 울지 않았다. 병아리와 맞바꾼 커다란 오백 원짜리 동전은 얼마 먹지 못한 사료와 차가운 빈 박스만을 베란다에 남겼다. 병아리를 휴지에 싸들고 놀이터 뒷산에 올랐다. 흙밭에 쪼그려 앉아 맥없이 가버린 녀석을 묻어줬다. 봉분을 만들려고 흙을 팠더니 손톱 사이에서 흙냄새가 배어나왔다. 처음 마주한 죽음의 냄새는 흙냄새였다.

집으로 돌아오자 창문을 거세게 두드리는 장대비가 쏟아졌다. 동그랗게 쌓아둔 무덤이 빗물에 씻겨 내리면…… 곧히 누워 있던 노란 병아리가 날갯짓을 하며 하늘로 날아 갈 것만 같았다. '작은 카나리아를 닮은 병아리의 비행이라니.' 울컥 밀려오던 슬픔도 빗줄기를 타고 씻겨 내려가는 기분이 들었다.

"(안방 문이 덜커덕 열리고) 어…… 엄마 어디 있었어요?"

마카롱처럼 통통 부은 눈을 비비던 딸아이가 거실로 나왔다. 입가에 미소를 한 바가지 흘리며 곧장 내게로 와서 파묻힌다. 오늘 아이에게 어떤 하루를 선물할지 고민해봐야겠다. 우중충하던 창 밖에 비가 내리기 시작했다. 애호박이랑 양파 송송 썰어 넣어 아이 손으로 조물딱거린 수제비를 끓여봐야지. 뜨거운 냄비 속에서 대파와 바지락이 끓기 시작하자 흙냄새와 풀냄새가 폴폴 풍겨왔다. 집안에 온기가 돌자 유리창이 뿌옇게 바뀌었다. 창 밖에선 별사탕 같은 눈이 솔솔 뿌려진다. 한겨울의 아침이 시작된다.

계절이 바뀔 때 현기증을 느끼거나 어지러우신가요?

봄을 마중 나가는 기분

새벽녘 비가 내려 창틀에 조그만 알전구들이 매달렸다. 한겨울 찬 바람이 무서워 꽁꽁 닫았던 거실 창을 열자 청량한 공기가 밀려온다. 봄기운을 머금어 촉촉한 공기는 오래도록 마른 것들의 싹을 틔울 준비를 하나보다. 철제 날개를 비벼 풀벌레 소리를 내는 오토바이 소리, 바삐 사라지는 버스의 뱃고동 소리, 뜨겁게 지져대는 공사장 속 철의 절규, 울퉁불퉁한 노면 위를 구르는 크레인 바퀴의 진동이 아침을 깨워온다. 얼굴 없는 새의 힘찬 울음소리는 도시의 소음을 뚫고 회벽을 튕기다 거실 창으로 들어왔다. 바람 냄새와 활기찬 소음들이 문득 반가워진다.

이제 얼마 안 있으면 봄이다. 무수히 반복되어 온 만남과 이별. 기다리는 마음은 아무리 해가 지나도 퇴색되지 않나 보다. 기나긴 밤을 납작 엎드려 고요히 잠든 듯 살아낸 겨울, 이제 묵직한 솜이불을 털고 일어날 때가 되었다고 알린다. 양지바른 땅 위에 쑥과 냉이가 올라오면, 말캉한 아이들의 손에 쥔 딸기는 입가에 달큰한 향기를 남긴다. 챙이 둥그런 모자를 눌러쓰고 운동화 끈을 조여 맨 발걸음에 맞춰 가방 속 물병이 찰방찰방 흔들리겠지. 고소한 참기름을 발라 썰어 놓은 김밥 도시락을 들고 동물원으로 갈까 산으로 갈까⋯⋯ 아이의 손을 쥔 발길은 봄에 취해 방황하겠지. 낙조가 다 타도록 돌아다녀도 한참을 집에 가기 아쉬워 밖을 서성이다⋯⋯ 옷깃에 바람 냄새를 가득 머금은 채 현관문을 딸깍 열고 들어오는 그런 날들이 얼른 온다면 좋겠다. 비를 타고 전해져 온 봄을 기다리는 마음이다.

계절이 바뀔 때 현기증을 느끼거나 어지러우신가요?

마음 진단 올림픽

심심풀이 문진표를 풀고 나의 상태를 진단해보세요.

테스트

파티에 놀러갔습니다. 내가 앉고 싶은 자리는 어디일까요?

- ❶ 벽에서 가장 가까운 곳
- ❷ 반짝이는 유리창문 옆
- ❸ 화려한 샹들리에 조명 아래
- ❹ 무대 맨 앞자리

결과발표

나만 알고 싶은 숨겨둔 비밀

1. 벽에서 가장 가까운 곳
"알고 보면 내성적인 외향인"

노홍철처럼 언제나 사람들을 몰고 다닐 것 같은 외향적인 당신의 숨겨진 비밀은 바로 내향성입니다. 사람들과 함께하는 걸 즐기지만 에너지가 쉽게 떨어지는 당신은 혼자만의 시간이 필요합니다. 의도적으로 스케줄러에 계획을 채우지 않도록 노력해 보는 건 어떨까요. 자신과 더 가까워지는 시간이 필요합니다.

2. 반짝이는 유리창문 옆

"이것도 좋고 저것도 좋고…… 다 좋은데 어떻게 골라?"

좋아하는 것도 많고 해보고 싶은 것도 많은 당신의 숨겨진 비밀은 바로 우유부단함입니다. 그러다보니 벌여 놓은 일은 많은데 수습이 잘 안 되는 군요. 작은 것부터 실천 가능한 계획을 세워 실행에 옮기는 연습을 해보세요. 친구들 앞에서 "이건 꼭 해낸다"는 작은 다짐도 성공의 확률을 높여준답니다.

3. 화려한 샹들리에 조명 아래

"등잔 밑이 어둡다."

겉으로 성실하고 완벽한 당신에게 숨겨진 비밀은 '미루기'입니다. 밖에서 모든 에너지를 다 쏟고 돌아오면 집에서는 편하게 쉬고 싶은데요. 그러다보니 청소나 정리가 되어 있지 않아 주변은 늘 카오스처럼 뒤죽박죽입니다. 최선을 다해서 살고자 하는 마음 때문에 정작 중요한 자신을 놓치고 있는 건 아닐지 생각해 볼 필요가 있습니다. 자신을 알뜰살뜰히 돌볼 준비를 시작해 봅니다.

4. 무대 맨 앞자리

"내 마음속에 영구 읍따~."

365일 실수투성이 영구는 해맑은 웃음으로 아이들 마음을 홀딱 빼앗아갔습니다. 완벽해 보이는 당신에게 숨겨진 비밀은 바로 허술함입니다. 빈틈없는 완벽함으로 같이 있으면 숨 막힐 듯한 당신에게 허술함은 바로 인간미를 넘치게 해주는 매력이 되어줍니다. 더 이상 부끄럽다고 생각하지 말고 자연스럽게 친구들에게 오픈해보세요.

계절이 바뀔 때 현기증을 느끼거나 어지러우신가요?

5. 아침에 일어나
   규칙적인 생활을
   하시는 편인가요?

주방 한쪽에
풍경을 걸어요

제철 식자재로 지은 따뜻한 밥을 먹고 나면 스님들의 발우공양이 간절해지곤 한다. 발우공양은 차려진 모든 음식이 낭비되지 않고 자연으로 돌아가는 방식이다. 배는 불러 자꾸만 눕고 싶은데 산더미처럼 쌓인 설거지를 외면하는 일은 쉽지 않다. 매미와 잠자리 그리고 하루살이와 선풍기처럼 날개 달린 모든 것들이 분주해지는 여름이기 때문이다. 여름철은 부엌일에 더 신경을 써야 한다. 자칫하면 물곰팡이나 하루살이와 동거를 하게 된다.

설거지하는 개수대 위에는 작은 창문이 하나 있다. 창문 너머로 큰 도로를 지나 도심 속에 산이 있다. 창문을 열자 멀리서 불어오는 바람에 흙냄새가 진동을 한다. 집안과 이질적인 공기는 차가운 습기와 냄새를 머금고 있다. 청량한 공기 덕에 절로 흉곽을 들어 올려 들숨을 쉬게 만든다. 금세 머리가 맑아진다.

엄마의 삶에도 문진표가 있나요?

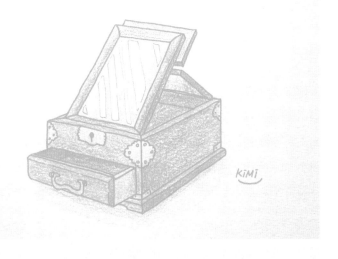

그 커다란 창으로 변화무쌍한 세상을 관찰하며
계절이 바뀌는 부지런함을 목도하는 즐거움을 느낄 수 있으면 좋겠다.
창은 세상을 향한 끝없는 애정과 관심이다.

조그만 주방 창이 때로 액자가 되기도 한다. 계절이 바뀔 때마다 변하는 풍경과 채도에 따라 창은 늘 새로운 모습으로 바뀐다. 운수 좋은 날에는 작은 새와 잠자리가 날아와 놀다가곤 한다. 전에 살던 집은 창문을 열면 바로 앞집이었다. 창문이 맞닿아 서로 불편함을 겪어야 했다. 조그만 창 하나가 주는 삶의 해방감이 얼마나 큰지 이사 온 후 알게 되었다. 설거지를 하며 먼 산을 바라보기도 하고 불어오는 바람에서 꽃내음을 맡는 일은 지나칠 수 없는 삶의 기쁨이 되었다.

창문의 주된 역할은 환기이다. 거실 베란다와 서로 바람을 주거니 받거니 하며 집안의 공기를 순환시킨다. 창을 통해 들어온 바람은 건조대에서 세척을 마친 식기들을 뽀득하게 말려주기도 한다. 주방에서 티 안 나게 묵묵히 일하는 또 다른 친구가 있다. 바로 수세미이다. 가족과 아이들의 입속으로 들어갈 수저나 밥공기를 닦아주는 고마운 친구이지만 관리를 잘 못하면 세균들이 증식하는 온상이 된다. 주기적으로 끓인 물에 식초와 베이킹 소다를 넣어 소독해주면 좋다. 그 중에 가장 좋아하는 방법은 '일광소독'이다. 조그만 집게를 이용해서 주방창 한 가운데 걸어둔다. 바람이 살랑살랑 오가며 수세미를 말려주고 햇빛이 말끔하게 소독해준다. 다음에 쓰려고 집었을 때 수건처럼 뽀송하다.

코바늘 뜨개로 만든 동그런 수세미. 가끔은 창문에서 해와 수세미가 개기월식처럼 겹친다. 우리 집 부엌창에는 황금빛을 발산하는 말간 수세미 해가 뜬다. 호기심 어린 눈으로 수세미 그것을 바라보고 있는 동안 창밖으로 빠르게 노을이 진다. 가장 보잘 것 없지만 중요한 일을 하는 수세미. 늘 바쁘게 움직이는 수세미처럼 말없이 부지런하게 살고 싶어진다. 어디선가 차가운 바람 한 점이 불어와 그릇을 말리고 노동하는 이의 땀을 말리자, 어수선했던 감정들은 어느새 깨끗이 정리된 기분이다. 언젠가 설거지도 사랑하게 될 것만 같다.

　매일 똑같아 보이는 창문 밖 풍경도 애정을 갖고 보면 달라보이듯 집안일도 마찬가지인 것 같다. 매 순간 자연은 힘을 내어 피워내고 자라나고 아이들이 커가는 걸 실감한다. 이 세상 살아있는 생명들이 뿜어대는 힘을 느끼며 함께 살아간다. 언젠가 살게 될 집 주방에는 커다란 통창이 있었으면 좋겠다. 그 커다란 창으로 변화무쌍한 세상을 관찰하며 계절이 바뀌는 부지런함을 목도하는 즐거움을 느낄 수 있으면 좋겠다. 창은 세상을 향한 끝없는 애정과 관심이다.

아침에 일어나 규칙적인 생활을 하시는 편인가요?

가구 옮기기가
취미입니다

"아니, 이게 무슨 일이야?"

출장을 다녀온 남편이 어리둥절 집 안을 둘러보고 있다. 아내의 취미가 '가구 옮기기'라는 걸 알고 있었지만 이번은 좀 달랐다. 결혼 시절 내내 품고 보듬어오던 가구들은 그대로였지만 분위기가 새롭게 달라져 있었다. '이삿짐 아저씨들이라도 왔다 간 것일까?'. 1L 쓰레기봉투도 무거워 부탁하던 연약한 아내였는데. 출장지에서 돌아오면 새로 이사를 마친 듯 가구들의 배치가 달라져 있었다. 아내는 작은 거인이었다.

"당신 그렇게 서있지 좀 말고 여기와 앉아 봐 바! 여기서 바라보는 뷰가 끝내준다?"

올겨울 주방에는 빛이 잘 들지 않아 늘 어두침침했다. 식탁에 오래도록 앉아 커피도 마시고 책도 읽고 싶은데 어둡고 서늘했다. 식탁은 말 그대로 밥을 먹고 치우기 위한 역할 밖에 할 수 없었다. 가구공장에 직접 찾아가서 제작한 우드슬랩 식탁에게 문득 미안해졌다. 창밖에서 내리쬐는 햇볕이 따사로운 봄이 되자 미뤄두었던 마음을 다시 먹었다.

언제부터인가 가구를 옮기는 게 취미가 되었다. 집 안에서 가구의 위치를 바꿔주면 새로운 분위기를 만들 수 있다. '새로움'은 머무르는 사람의 기분을 북돋아준다. 먼저 가구를 옮기기 전에 사이즈 확인이 필수이다. 무거운 가구를 낑낑대고 들고 갔다가 다시 되돌아오는 경험은 썩 유쾌하지 않다. 다행히 우드슬랩 식탁은 거실 창 가운데 잘 맞았다. 아이보리색 샤시와 원목의 톤도 한결 조화로웠다. 햇빛 가득한 창가에 둔 원목 식탁은 더 따뜻한 공간이 되었다.

이번에는 아이방을 들여다보았다. 방문을 열면 가장 먼저 행거가 보였다. 옷걸이에 제멋대로 걸려 있는 외투들이 지저분해서 여간 신경이 쓰였다. 맞은편 화이트 장롱과 위치를 바꿔주면 간단히 해결된다. 문제는 장롱이었다. 크기도 컸지만 무게가 많이 나갔다. 큰 덩치로 밀고 당겨 봐도 꿈쩍하질 않았다. 무게를 줄이기로 했다. 안에 있는 아이의 장난감과 선반을 모두 끄집어냈다. 살짝 밀어보니 기우뚱하기 시작했다. 수건이나 행주처럼 부드러운 천을 장롱 네 다리에 끼우고 밀어준다. 학창시절 마찰력 수업을 이렇게 써먹을 때가 오다니

아침에 일어나 규칙적인 생활을 하시는 편인가요?

꽤나 뿌듯했다. 가구는 힘이 세다고 옮겨지는 게 아니었다. 무게중심과 과학을 이용한 요령이 필요한 것이었다.

공간을 재구성하다 보면 의도치 않게 대청소를 하게 된다. 오랫동안 자리를 지키고 서 있던 가구를 꺼내자 그 안에 묵은 먼지들이 모습을 드러낸다. 딸아이가 선물로 받아온 플라스틱 우정 반지, 작고 소중한 인형이 걸쳤던 신발 한 짝 등이 주인의 품으로 돌아간다. 가끔 오백 원짜리 동전들이 발견되면 입김을 후후불어 주머니에 챙긴다. 부자가 된 기분이 든다. 새로운 소품을 사서 들이는 것도 인테리어에 도움이 되지만 머니머니 해도 조화로운 가구의 배치는 소소한 기쁨이 된다. 활동이 적은 현대 시대에 운동효과까지 일석이조이다.

마지막으로 수평을 확인한다. 자칫 수평이 맞지 않으면 계절이 변하며 목재가 틀어질 염려가 있다. 수평을 맞추는데 사용하는 재료는 화투짝이 그만이다. 짝이 맞지 않거나 서랍에서 굴러다니는 것들을 찾아 반으로 잘라 모서리에 끼운다. 가구의 모서리를 살짝 들어야 할 때는 성난 황소가 된 듯 가구를 밀고 지탱해본다. 수평이 맞았으면 가구 옮기기가 완성되었다. 달라진 집안을 둘러보자 마음속에서 작은 성취감이 일렁인다.

공허한 마음을 달래고자 물건들로 채웠던 적이 있다. 사들인 물건들이 집안에 쌓이자 오히려 답답해졌다. 나 혼자 쓰는 물건은 사소한 것도 고심 끝에 어렵게 구매하는 편이다. 문제는 '가족들을 위한다는 명목의 소비'였다. 게스트가 편안하게 묵기를 바라는 호스트의 마음이 이었을까. 가족들을 위한 결제는 버튼을 누르는데 불과 몇 초가 걸리지 않았다. 이타적인 행위를 한다는 핑계 삼아 헛헛한 내 마음을 채우고자 했던 불찰이었다.

《사물의 심리학》에서 말한다. 인간은 자기 자신의 자아를 물건을 통해 구현하려 한다. '내가 누구인지'가 중요한 게 아니라 '나란 사람은 어떤 물건을 소유한다'는 게 점차 중요해졌다. 점점 소유에 대한 욕구가 늘어갔고 내가 가진 물건들을 돌보느라 오히려 시간과 노력을 빼앗기게 되었다. 집이라는 공간이 쉬고 나를 찾아보는 공간이 아니었다. 모델하우스 속 집처럼 미학의 대상이 되자 점차 피곤해지기 시작했다.

그때부터였다. 의식적으로 단출한 집을 꾸리기 시작했다. 가슴이 설레지 않는 물건이나 혹은 대체 가능한 물건은 집 밖으로 내보냈다. 반년 후, 집 안에 빈 벽과 아일랜드 식탁의 수평선이 보이기 시작했다. 집에 돌아오면 꽉 막힌 숨통이 트이는 해방감을 갖게 되었다. 이제는 최소한의 쓸모를 갖춘 가구만으로 생활하고 있다. 버리기는 아깝고 남 주자니 서운한 낡은 가구들을 보며 처음 구입하던 때의 설렘이 떠오른다. 전세살이를 전전하며 기스 나고 손때도 묻었지만 길이 들어 생활하기에 편안하다. 가구에는 추억도 깃들어 있었다. 초등학생 된 딸아이가 바닥을 기어 다닐 아기 시절 붙여둔 모서리 가드의 흔적이 고스란히 있다.

아침에 일어나 규칙적인 생활을 하시는 편인가요?

"아니 당신, 누가 보면 이사라도 가는 줄 알았겠어. 허허."

"엄마, 또 가구 옮겼어? 창가 자리에 식탁 놓으니까 커피숍 같다."

장롱다리처럼 짧은 목에서 신랑의 묵직한 웃음소리가 흘러나온
다. 학교 다녀온 아이들은 익숙한 집이 새로워 신기한지 집안 곳곳을
들락날락거린다. 이제 게스트 하우스에 손님도 다 온 것 같으니 맛있
는 음식을 차려서 창가에 앉아 석양을 보며 식사를 해야겠다. 집이라
는 공간은 사랑하는 사람과 내일을 살아 갈 따뜻한 힘이 되어준다.

울적한 날의 빨래지수

"세 살 버릇 여든 간다." 나이를 먹을수록 속담이 점쟁이처럼 잘 맞는다. 어린 시절의 조그만 습관이 어른이 되어서도 영향력을 행사할 때가 있다. 지금은 사라진 좌측통행이 그렇다. 국민학교 계단을 오르내릴 때면 늘 왼쪽으로 붙어 다녔다. 좌측통행을 잘 지키면 전속력으로 달려오는 친구로부터 안전을 지킬 수 있었다. 2010년 좌측통행이던 세상이 갑자기 우측통행으로 바뀌었다. 좌측통행은 일본이 남긴 잔재였기 때문이다. 고대 일본에는 '사무라이 규칙'이 있었다. 사무라이는 왼쪽 허리에 칼을 찬다. 상대방이 걸어올 때 서로의 칼자루가 부딪치는 순간, 냉혹한 싸움이 될 수 있기에 좌측으로 통행했다 전해진다. 내 인생을 돌아보니 절반은 좌측통행으로 나머지 절반은 우측통행으로 살아왔다. 멍하니 길을 걸을 때면 지금도 가끔 발걸음에 혼돈이 느껴지곤 한다.

아침에 일어나 규칙적인 생활을 하시는 편인가요?

뽀송뽀송 잘 마른 빨래에서 비누향이 폴폴 풍겨온다.
어느새 내 마음도 새것처럼 깨끗하게 세탁이 된 기분이다.

하루는 비가 내렸다. 비는 거센 바람을 타고 가로로 내렸다. 우산을 방패삼아 쓰다 보니 나도 모르게 좌측통행을 하고 있었다. 순식간에 왼쪽 도로에서 날아든 거센 물살이 덥석 나를 집어삼켰다. 인정사정없이 속도를 내던 잘 빠진 세단은 이미 가고 없었다. 순식간에 물폭탄을 맞은 생쥐꼴이 되었다. 가방 안이며 신발 속에는 물웅덩이가 고였다. 우산을 목검처럼 힘껏 휘두르고 싶은 분노가 일었으나 그러지 못했다. 주위에 사람들이 더 놀란 표정을 지었다. 이중자음으로 나오는 욕을 연신 삼키며 집으로 돌아왔다. 아이처럼 엉엉 울고 싶었으나 빗물이 뺨 위를 흐르며 대신 울어주는 것 같았다.

집에 돌아와 벗어던진 옷은 얼룩진 마음처럼 흙탕물 범벅이었다. 약알카리성 계면활성제와 과탄산나트륨을 넣고 빨래를 돌렸다. 세탁기는 묵묵히 돌아가기 시작했다. 마치 과도를 들고 당황한 내게서 무심히 사과를 가져가 부드럽게 돌려 깎던 남자친구 같았다. 네모난 어깨에 PK티셔츠가 잘 어울리던 그는 늘 같은 자리에서 티내지 않고 남을 돕는 법을 아는 사람이었다. 끝나지 않는 야근처럼 가사노동에 지치는 날에도 언제나 세탁기가 있어 든든했다. 청소기가 고장 나면 빗자루로 쓸면 되고 식기세척기가 고장 나면 고무장갑을 끼면 되지만 세탁기에는 차선책이 없었다. 벗어둔 빨래가 금방 산이 되고 쉰내를 풍기기 시작하는 여름철이면 더더욱 소중해졌다.

세탁기의 동그란 창 안으로 얼룩진 옷이 물살에 몸을 내맡기고 있었다. 딸아이가 던져둔 내복도 아빠가 벗어둔 난닝구도 함께 힘차게 돈다. 온가족 빨래가 한데 뒤엉켜 돈다. 마치 셔츠의 빈 소매가 서로를 감싸 안다가 손을 맞잡는 것 같다. 가족이란 뭘까. 예전에 가족이란 같은 식탁에서 앉아 '밥을 나누는 사이'라고 생각했다. 시간을 돈으로 계산해주는 자본주의에 살다보니 이제는 가족들이 모여 밥을 먹는 일도 쉽지 않다. 다시 생각해 보았다. 가족이란 어쩌면 '세탁기에 함께 빨래를 돌리는 사이'라고 말이다. 세탁물을 나눌 수 있는 정도의 친밀함과 가까움 말이다.

빨래를 돌릴 때면 가족들의 걱정과 상처들도 깨끗이 빨아지기를 바라는 마음이 든다. 빨래지수가 높은 날이면 파란 하늘 아래 청바지를 탁탁 털어 널어본다. 흰 구름처럼 새하얘진 와이셔츠와 양말도 줄을 세운다. 뽀송뽀송 잘 마른 빨래에서 비누향이 폴폴 풍겨온다. 어느새 내 마음도 새것처럼 깨끗하게 세탁이 된 기분이다. 나에게 빨래는 긴 시간을 이겨내는 명상과도 같다. 맑게 갠 하늘 아래 보송하게 마른 마음을 꺼내어 입어본다. 마음속 깊은 곳에서 섬유유연제 향기가 나오는 것만 같다.

어제의 흔적을
지워주는 청소

습관은 곧잘 몸에 배인다. 그래서일까. 매일 아침 같은 일상을 반복하려 노력한다. 눈을 뜨면 몸을 일으켜 창문을 열어본다. 아늑하고 익숙한 공기는 아쉽지만 내보내고 새로운 날의 바람을 맞이한다. 따뜻한 온기가 남아있는 이불을 들고 창가에 솔솔 털어본다. 비몽사몽이던 정신에 이불이 잘 털리고 있는 건지 모르겠지만 폐 속 깊이 차오르는 서늘한 공기와 팡팡 이불을 두드리는 소리만으로도 개운한 기분이 든다. 잘 턴 이불은 집 안에서 양지바른 곳을 찾아 널어둔다.

다음 차례는 바로 먼지 박멸이다. 묵직하고 강력한 무선청소기에 손을 장착하면 마치 탄창이 장전된 총에 방아쇠를 당기는 기분이 든다. '오늘'의 제거 대상들은 주로 '어제'로부터 배달된다. 어제 티브이를 보며 씹던 과자 부스러기, 쓸어넘기다 탈각한 머리카락, 스티로폼 택배박스 테이프를 뜯어내다 떨어진 하얀 볼들 말이다. 하루 만에 낡아버린 어제의 내가 흘렸던 치부들을 말끔히 빨아들인다.

오크 색상 목재의자 위에는 어느새 먼지가 뽀얗게 쌓여 있다. 의자 위에 쌓인 먼지는 누군가의 부재를 드러나게 한다. 떠나간 건 관심일 수도 있지만 때로는 사람일 때도 있다. 물 묻은 걸레로 광이 나도록 닦아본다. 나만의 영역을 다듬는 일은 때로 나의 생애가 되기도 한다.

어제의 내가 만들고 오늘의 손으로 부지런히 걷어내어지는 과정이 끝이 없다. 돌뿌리에 발이 걸려 미끄러진 시시포스 그림이 떠올랐다. 그는 묵직한 회색 돌더미를 등에 업고 산 정상으로 다시 올라야 한다. 무거운 돌을 지고 영원히 산 정상을 올라야 하는 시시포스의 슬픈 신화는 오늘날 회색 빛 먼지들과 사투를 벌이는 우리들의 모습과도 닮아 있다.

먼지는 대게 무색무취이다. 청소를 마치자 청소기에 먼지가 수북이 쌓였다. 진한 회색빛이었다. 회색은 어떤 색일까. 세상을 밝히는 빛을 닮은 흰색과 모든 색을 삼켜버릴 강력한 검정색 사이에서 회색은 엉성히 자리 잡았다. 뛰어나게 성공하지도 그렇다고 처절하게 실패하지도 못한 누군가, 아이도 어른도 아닌 비성숙한 우리의 정체성과도 닮아 연민이 느껴진다. '

난 참 먼지처럼 살았구나. 날마다 부지런히 증식하며 내 존재를 드러내왔던 거야. 이것도 뭐 나쁘지 않은 걸.'

청소가 끝나고 옷장을 열어본다. 무얼 입을지 고르는 손가락은 늘 옷깃 사이를 헤멘다. 책장을 넘기듯 옷걸이에 걸린 옷들을 하나씩 넘겨본다. 모임이 있는 날에 주목받고 싶지 않다면 무채색 회색 니트를 꺼내 입는 건 어떨까. 타인들과 뒤섞이는 거리에서도 익숙한 집의 포근함을 느낄 수 있으니까. 쌀쌀한 날이면 유독 손이 간다. 두 팔을 쏙쏙 넣어 입고 밖으로 나간다.

우중충한 하늘에서 비가 내린다. 우산을 들고 종종거리는 발걸음은 도시 속을 통과한다. 바닥에 고인 물웅덩이, 공장 외벽에 맨살처럼 드러난 시멘트, 지나가는 자동차 배기구의 매연, 그 사이를 뛰어가는 작은 시궁쥐가 온통 회색빛이다. 갈 길을 잃은 노인 위로 희끗하게 새어버린 머리카락에는 빗방울이 이슬처럼 맺혔다. 지하철 입구 앞에 선 남자가 담뱃불을 붙여 내뿜은 한 숨 한 조각까지…… 지금 내가 살고 있는 도시는 온통 회색빛이다. 나는 이 슬프고 아련한 색을 사랑하지 않을 수가 없다.

아침에 일어나 규칙적인 생활을 하시는 편인가요?

나의 은밀한 잠옷 판타지

　나는 잠옷에 대한 로망이 있다. 영화 속 여주인공들은 언제나 부들부들한 실크로브를 입고 '흐느적' 걸어 나왔다. 창문으로 불어오는 바람에 휘날리던 공단 천 사이로 실루엣이 드러나 어찌나 섹시하던지. 결혼을 하고 가장 먼저 구매한 건 밥그릇 국그릇도 아닌 바로 실크로브였다.

　옷은 입는 사람의 태도가 묻어나온다. 사람과 옷이 조화롭게 어울릴 때 비로소 옷차림이 완성된다. 아무리 예쁜 옷도 소화해내는 사람의 태도가 받쳐주지 않으면 말짱 꽝이라는 걸 그때는 몰랐다. 그저 걸치는 옷이 사람을 만들어준다고 믿을 만큼 어리숙했다. 퇴근한 남편 앞에서 '나 원래 집에서 늘 이렇게 입어'라는 느낌으로 능숙하게 입는데 생각보다 어려웠다. 종종 에로사항이 나타났다.(애로 사항이 아니라 실망하셨다면 죄송합니다.)

결혼 전 실내에선 주로 입다만 티셔츠나 무릎 나온 트레이닝 바지를 입었다. 소파 위에 아빠다리로 앉아 맥주 한 캔을 까고 리모컨을 돌리는 맛은 퇴근 후에 제일 큰 보상이었다. 헌데 원피스로 차림으로는 아빠다리가 불가능했다. 앉았다 일어날 때도 속옷이 보일까 늘 조심해야 했다. 점점 로브를 입고 집에 있는 시간은 쉼이 아니었다. 옷매무새를 신경 쓰느라 켜둔 안테나가 불편했다. 그럼에도 로브는 침대 위에 누우면 살결을 스치는 보드라운 옷감에 절로 잠에 빠져드는 마약 같은 면이 있었다.

어김없이 아침은 찾아왔다. 희한하게 로브 원피스는 아침이 되면 짧은 배꼽티로 변신을 했다. 밤새 구르기를 반복하다 점점 짧아진 로브는 결국 겨드랑이 근처까지 올라가서야 멈추었던 것이다. 수줍어하던 아내가 아침마다 배꼽티에 팬티바람을 하고 침대 위를 굴러다닌다니…… 참으로 묘한 상황이 연출되었다. 그렇게 아끼던 로브도 결국 불편함에 손이 가질 않았다. 옷장 안에 깊숙이 처 넣곤 점점 잊혀졌다.

그 후로 애정하게 된 실내복은 '냉장고 옷'이었다. 넉넉한 고무줄 밴드가 들어간 보들보들한 상하의 옷이다. 분홍색 '어피치'나 '라이온'처럼 캐릭터가 덕지덕지 박혀 있어 은연중에 귀여움을 어필할 수 있다. 남편의 둔탁한 손바닥과 어깨선을 바라보다 연애 시절이 떠올라 괜한 팔짱을 껴본다. 잠시 후 남편은 소스라친 듯 놀라 얼음이 된다. 아마도 냉장고 옷의 냉감이 어마어마 하리라(?) 생각된다.

아이를 낳고 부모가 되자 실내복에 또 다시 변화가 찾아왔다. 바쁜 아침은 아이들을 등원시키기 위한 전쟁터였다. 그럴 때 모자만 하나 척하고 걸치면 훌륭한 등원룩이 되어주는 실내복이 간절해졌다. 일명 '인앤아웃 도어 룩'은 화려하지 않고 수수해서 유행을 타지 않는 민무늬 옷이다. 한 톤 다운된 색감에 와이드한 바짓단으로 소심하게 멋을 부릴 줄 알아야 한다. 실내복인 것 같기도 하고 아닌 것 같기도 한 착각을 주는 옷이 좋다. 분리수거나 음쓰를 버리러 집 앞에 살짝 나가도 자연스럽게 입을 수 있는 그런 옷 말이다.

아이들을 키우며 점차 위아래 짝을 맞출 시간이 없이 손가는 대로 입고 벗을 수 있는 옷이 필요했다. 부모가 된다는 건 본인 몸 외에도 챙겨야 할 일들이 많아진다는 것이다. 아이가 하나 둘씩 늘어갈 때면 정신줄을 붙잡는 것도 가끔 힘에 겹다. 나의 경우 갈수록 차려입기에 대한 기대치가 낮아졌다. 언젠가 스티브 잡스처럼 '의복의 교복화'를 꿈꿔보기도 한다. 언젠가 격식을 차리지 않아도 자연스런 멋이 나고, 낡을수록 더 보드라워지는 그런 잠옷을 찾는다면 좋겠다.

만약 화장실에
환풍기가 없다면

시계 속 분침이 5시 10분 전을 알린다. 무소음이라던 시계는 톱니바퀴가 낡았는지 티각 각 요란한 소리로 존재감을 드러낸다. 이제 오후이다. 전면 유리창 밖으로 사라져가는 석양은 하루의 마감 시간을 알려온다. 태양은 곧 하루에 한 번 가장 아름다운 빛으로 타오르곤 소멸한다. 막이 내려진 오페라 공연장 속 주인공에게 쏟아지는 박수갈채처럼 낙조를 향한 환호와 축복이 고조된다. 손에 닿는 것이면 뭐든 황금으로 만드는 미다스 왕의 손길이 우리 집 거실 냉장고와 반질하게 낡은 소파를 황금빛으로 물들였다. 이제 저녁만찬을 준비할 시간이다.

냉장고 야채칸에 보관된 무는 수분이 적당히 빠져 단맛이 올랐다. 무를 손질할 때는 둔탁한 칼로 무심하게 숭덩숭덩 잘라내야 먹음직스럽다. 알이 굵은 양파는 반을 잘라 얇게 채를 썬다. 오랜 시간 박

아침에 일어나 규칙적인 생활을 하시는 편인가요?

자를 맞춰온 칼날과 도마가 만들어내는 소리는 주방에 활기를 불어넣어준다.

"치이…… 치…… 치이……"

가스렌지 위에서 풀벌레 소리가 들려온다. 화산에서 나온 뜨거운 용암이 강물에 닿아 식을 때 나는 이 소리는…… 냄비의 빠른 퇴각을 알리는 신호이다. 아차차. 오늘도 냄비 하나를 태워먹었다. 가끔 필라멘트가 끊긴 전구마냥 기억이 깜빡인다. 냄비 안에서 뿌연 연기가 피워 올라 환풍기를 켰다. 위~이잉. 관악기를 빠르게 통과하는 듯한 환풍기 소리에 불붙었던 마음이 가라앉는 기분이 든다. 환풍기는 실내의 공기를 깨끗한 바깥 공기로 바꾸어줄 뿐만 아니라 복잡한 마음속을 환기시켜주곤 한다. 뿌옇던 연기가 사라지자 마음도 산뜻해졌다.

집안에서 환풍기가 빛나는 주인공의 역할을 하는 곳이 하나 더 있다. 내 안에서 나온 그것으로부터 질식사 하지 않도록 막아주는 화장실 안이다. 옆구리가 찌릿한 통증을 보내오면 화장실로 들어가 문을 마주하고 앉는다. 신기한 건 옆집 화장실에 가도 백화점 화장실에 가도 늘 문을 바라보고 앉는다는 점이다. 나의 눈이 거대한 문으로 막혀 시각이 잠식당하면…… 그다음으로 증폭되는 감각은 바로 청각이다. 화장실에선 아주 작은 소리도 선명하게 잘 들린다.

엄마의 삶에도 문진표가 있나요?

부지런한 윗집 할머니가 거친 솔로 바닥을 문지르는 소리, 응원가처럼 응가를 힘주어 부르는 총각의 노랫말소리, 아이들을 다그치는 화난 엄마의 절규, 코끼리를 닮은 아저씨가 코를 푸는 소리들은…… 혈관처럼 이어진 배관을 타고 화장실 속 소음들이 만나 하나가 된다.

오늘처럼 변기에 앉아 볼 일이 길어지는 대치상황에서는…… 깊고 낮게 울려대는 환풍기의 소리에 귀를 바짝 기울이며 마음속 평온을 찾아본다. 이곳은 화장실 안, 대통령도 벌컥 문을 열고 쳐들어올 수 없는 치외법권 지대이다. 나만의 대성당, 화장실 속에서 고해성사를 마치고 나가면 다 비워낸 개운함으로 두 번째 삶을 시작할 것이다. 무언가 꽉 찼을 땐 역시 비워내는 게 정답이다. 딸깍 잊지 않고 환풍기를 틀어본다.

아침에 일어나 규칙적인 생활을 하시는 편인가요?

옷장을 열고
성격을 입다

겨우 아이들을 재우고 거실로 나왔다. 퇴근한 남편은 어둠속에서 드라마를 보며 배달할 요리를 고른다. 서로 머리를 맞대고 식사할 수 있는 야식타임이 기다려진다. 자고로 부부란 밥 정 아닐까. 그런데 남편이 좀 수상하다. 주광 빛 스탠드를 때문일까. 샤워를 하고 붉어진 두 뺨의 남편이 복숭아색 런닝을 입고 있었다. (남편은 마치 런닝과 트렁크 팬티를 365일 몸에 문신한 듯 입고 지낸다. 그 복장은 우리의 관계처럼 느슨하고 세상 편안해진 것이다.)

"자기야, 오늘 어쩐지 어피치APEACH 같다! 무척 핑크핑크 하네?"

속사정은 이랬다. 얼마 전 아이가 진분홍빛 장갑을 사왔다. 알록달록한 어린이용 목장갑이었다. 아이는 장갑을 끼고 모래놀이도 하고 텃밭도 가꾸며 신나게 뛰어 놀았다. 집에 돌아와 머리부터 발끝까지 벗어서 세탁기에 넣었고 그대로 세탁버튼을 눌렀다. 일이 그렇게 되었다. 색이 있는 옷들은 괜찮았다. 유난히 하얀 남편의 런닝만이 전부 핑크색으로 물들었다. 이염방지 시트라도 넣을 걸 하는 후회는 이미 늦었다. 베이비 핑크색으로 사랑스럽게 물든 남편의 런닝이 그리 밉지 않았다. 앞으로 '핑크팬더' 한 마리가 거실을 활보할 생각을 하니 귀여워 웃음이 새어 나왔다.

쿨다운 핑크를 아시나요? 스위스에 한 교도소는 수감자의 화를 진정시키기 위해 30개의 감방을 분홍페인트로 칠했다고 한다. 심리 전문가들은 핑크색이 교도소에서 긍정적인 효과를 나타나고 있음을 평가했다. 그 후 분홍색으로 단장한 한 경찰서도 생겨났다. 흥분한 사람들은 분홍색 구치소에 들어가면 조용해지고 빨리 잠이 든다고 한다. 분홍색을 이용해서 범죄자의 심리를 치료하는 방법인 것이다. 사람이 핑크색을 마주하면 뇌에서 노르에피네프린이 분비된다. 이는 공격적 행동을 유발하는 호르몬을 억제시키는 효과를 일으킨다.

동물들 중 오직 인간만이 옷을 입는다. 수치심으로부터 신체를 가리고 추위를 막거나 예의가 되기도 한다. 요즘 의복에는 기능이 하나 더 추가되었다. 그것은 심미적 아름다움과 사회적 기능이다. 매년 유행하는 옷이 신메뉴처럼 쏟아진다. 유행은 '남들과 차별화하려는 욕구'를 가진 사람들과 반면 '남들과 똑같이 입고자' 하는 사람들 둘다 만족시킨다. 어떤 이들에게는 유행을 따르는 일이 피곤하기도 한다. 사회적 변화에 무디고 느린 나 같은 사람들 말이다. 우리 선조들은 어땠을까? 그들은 아침마다 무얼 입을지 옷 고르는 전쟁에서 좀 자유로웠을까?

과거에는 신분에 따라 의복을 달리했다. 양반은 양반대로 천민은 천민대로 입을 수 있는 옷이 정해져 있었다. 왕이 입는 용포만 봐도 옷에서 느껴지는 위용이 어마어마하다. 그렇다면 사람은 어떤 옷을 입는지에 따라 달라지는 것일까. 옷을 입는 건 일종의 자아개념을 형성하는 행위이다. 유아에게 어른스러운 의복을 입히면 점잖게 행동하는 것처럼 어떤 옷을 입는지에 따라 자신의 모습을 만들 수 있다.

나폴레옹은 이렇게 말했다. "사람은 그가 입은 제복대로의 인간이 된다."(배트맨, 캣우먼, 슈퍼맨, 스파이더맨 이들에게는 변신 복장이 있죠. 신기하게도 슈퍼 히어로들은 의복으로 갈아입자 초인적인 힘을 발휘한답니다. 어느 정도 일리가 있는 말인가 봅니다.)

요즘은 이야기가 조금 달라질 수 있다. 합리적인 소비자가 나타나기 시작했기 때문이다. 활동하기에 편하고 질이 좋으며 심플한 디자인의 스파오 제품들이 인기를 끌고 있다. 집에 있는 시간이 길어서 대충 걸쳐 입기를 좋아하는 나 같은 이들에게는 반가운 변화이다. 21세기에 '옷이 나의 전부 말한다'는 건 좀 너무하다는 생각이 들기도 한다.

"버릴 건 버리고 정리 좀 하자!"

비밀 창고를 여는 기분으로 옷장을 열었다. 옷장 안에는 터져나갈 듯이 옷이 많았다. 이렇게 옷이 많음에도 왜 계절이 넘어갈 때면 딱히 입을 만한 옷이 하나도 없는 걸까. 이건 꽉 껴서 불편하고 저건 너무 튀어서 싫었다. 나의 옷장은 '맥락 없는 옷들의 집합체'였다. 이게 다 길거리를 다니다 값싼 옷을 충동적으로 구매한 탓이었다. 취향도 스타일도 전부 따로국밥이니 함께 입어도 어울리지 못했다. 우선 지난 일 년 동안 한 번도 입지 않은 옷부터 비웠다. 그 다음 입어보고 마음이 설레지 않는 옷들도 제외했다. 좋은 기억이 묻어나는 옷들은 도로 넣었다. 마지막으로 내 피부색과 어울리는 컬러인지, 체형을 보완해주는 핏인지, 유행을 덜 타는 스타일인지로 따져보고 옷장을 정리했다.

나만의 옷장에도 드디어 빈 공간이 생기기 시작했다. 체중이 내려가는 기분이 들었다. 그동안 새 옷을 사면 늘 기분이 좋아졌다. 그래서 생각 없이 사들인 옷들로 어지러웠다. "옷은 어리석은 것이지만 옷에 대해 신경 쓰지 않는 것은 더욱 어리석다." 영국 문필가 필립 체스터필드가 말했다. 나만의 관념과 쇼핑철학으로 신경 써서 소비하고 즐기는 날들을 상상해본다. 엄마가 명품백을 사서 들다가 딸아이에게 물려주듯이 소재와 디자인 또는 마감이 훌륭한 옷을 고르자. 오래도록 좋은 추억이 쌓일 생각에 벌써 설렌다.

아침에 일어나 규칙적인 생활을 하시는 편인가요?

찬바람 불어올 땐 오버핏 재킷.

부드럽고 잘 늘어나는 반폴라.

언제든 꺼내 입을 수 있는 얇은 가디건.

체형과 얼굴형에 맞는 네크라인 티셔츠.

검정, 회색, 아이보리 색상의 기본 슬랙스.

언제 입어도 조화로운 베이직한 아이템들이 옷장에 남겨졌다.

"인생이란, 아무리 고쳐도 고쳐도 어딘가 불편한 옷이다" D.머코
드. 순간의 일상이 모여서 인생을 이룬다. 바쁘게 사느라 고장나고 영
혼이 없던 나의 이십대는 이제 잊고 싶다. 삼십대가 되고 찾은 나만
의 소중한 일상을 고치고 돌보며 예쁘게 살고 싶다. 준비가 되어 있
는 사람은 나이 먹는 게 두렵지 않다. 은근한 기대감으로 다가올 내
일을 기대해 본다.

우드슬랩 식탁이
나이를 먹는다

"여보. 어머머머, 이거 식탁 불량 아니야?"

거실 서재화 열풍이 불던 시절이 있었다. 때마침 우리는 시골에서 대도시로 먼 이사를 가야 했다. 아이와 함께 보낸 풍경 같은 시간들을 기억하기 위해 시골동네 허름한 가구공방을 찾았다. 사장님은 통나무에 칠이나 코팅을 하지 않고 열기로 찌는 방식으로 직접 식탁을 만드신다고 하셨다. 이사 갈 곳의 주소를 말하자 흔쾌히 새 집으로 운반해 주시기로 하셨다.

"띵~동."

초인종이 울렸다. 사장님은 무거운 식탁을 어린아이 썰매를 태우

듯이 부드러운 천 위에 올려서 끌고 오셨다.

"사장님, 여기까지 직접 오시느라 고생 많으셨죠?"

"예~? 아…… 실은 가구공장이 여기 대도시에 있어요. 가구는 워낙 운반이 힘들어서 사람들한테 팔려면 도시 근처가 아무래도 유리하잖아요. 저희야 댁이 가까워서 배송하기 수월했죠."

아뿔사. 시골에서의 추억을 가구로 간직하자던 계획은 도시에서 십 분 거리 공장에서 만들어진 식탁으로 대체되었다. 조금 아쉬웠지만 그럭저럭 괜찮았다. 드디어 집 거실에도 성인 한 명이 누울 수 있는 커다란 식탁이 왔으니까. '우드슬랩' 이름만 들어도 반쪽 엉덩이는 벌써 카페에 와 앉은 느낌을 주는 것만 같았다. 헌데 요놈은 예민해서 다루기가 만만치 않았다. 특히 어린아이들을 키우는 집에게는 말이다. 종이접기에 폭 빠진 딸아이가 무심코 내려놓은 가위 자국과 먹다 흘린 김치국물이 나무 결에 고스란히 남았다.

흔적이 하나 둘 늘어갈 때마다 고민의 무게도 늘어갔다. '이게 식탁이야…… 신주단지야……' 매직이나 펜이 묻은 자리에는 물파스를 발라 지워주고 움푹 파인 곳은 견과류로 칠해주었다. 극진히 돌봐 온 지 삼 년이 지났다. 나무 식탁에는 점점 가족들의 흔적들이 남았고 고스란히 추억이 되었다.

시간이 흘러갈수록 나무 식탁은 사람처럼 늙어갔다. 식탁 위에 매일 앉던 사람들도 조금씩 늙어갔다. 세월은 사람에게 기미와 주름살을 선물했고 나무 식탁 위에는 만들기를 좋아하던 아이들의 흔적이 늘어갔다. 샤워를 하다 무심결에 바라본 나의 배 위에는 가로로 선명한 출산의 흔적이 남았다. 우리는 어느새 닮아 있었다. 아이들과 가족을 위해 늘 나누어줘도 더 줄 게 없어 미안한 엄마의 마음을…… 나무 식탁이 함께 지탱해 주고 있음을 느낄 수 있었다.

가구와 함께 나이를 먹어가며 살아간다. 오래된 장롱에 경첩을 수리해주고, 원목 장식장 위에 기름을 먹일 때마다…… 오랜 친구들을 만나는 기분에 흐뭇해지곤 한다. 가구는 마치 오래된 동네친구 같다. 나의 지난 과오들을 모른 척 덮어주고 늘 옆에서 말없이 기다려주는 듬직한 친구. 물건 하나에도 영혼이 깃드는 걸 느끼자…… 삶이 좀 더 생경해지기 시작했다.

아침에 일어나 규칙적인 생활을 하시는 편인가요?

마음 진단 올림픽

심심풀이 문진표를 풀고 나의 상태를 진단해보세요.

테스트

갑자기 친구들이 당신의 집에 놀러왔다. 당신은 무엇을 할 것인가?

1. 어지럽혀진 식탁 위에 물건들을 감춘다.
2. 무릎이 늘어난 추리닝을 벗고 아기자기한 잠옷으로 갈아입는다.
3. 바닥에 과자 가루들을 청소기로 돌린다.
4. 침구류와 집안 곳곳에 페브리즈를 뿌린다.

결과발표

친구들에게 비춰지길 바라는 나의 이미지는?

1. 어지럽혀진 식탁 위에 물건들을 감춘다

"넌 뭐든 열심히 하는구나."

이걸 고르신 당신은 대기 만성형이시군요. 처음은 늘 남보다 늦게 출발하지만 특유의 겸손함과 인내심으로 열심히 노력하는 사람입니다. 주위에서도 평판이 자자한데요. 칭찬은 당신을 춤추고 움직이게 하는 원동력이 되어 줍니다. 무리하지 않도록 삶의 균형을 유지하는 게 관건입니다.

엄마의 삶에도 문진표가 있나요?

2. 무릎이 늘어난 추리닝을 벗고 아기자기한 잠옷으로 갈아입는다

"너 쫌 귀엽다."

이걸 고르신 당신은 센스쟁이이시군요. 자연스러움을 추구하는 당신은 인간관계에 있어 남몰래 노력하는 준비된 단짝친구입니다. 평판을 중요시하는 당신은 자칫 다른 이들의 시선에 신경 쓰다가 자신이 원하는 바를 놓칠 수도 있습니다. 명상이나 요가를 통해서 나와 더 가까워져 보는 건 어떨까요.

3. 바닥에 과자 가루들을 청소기로 돌린다

"너랑 있을 때가 제일 편하더라."

이걸 고르신 당신은 강아지과군요. 사람들과 함께 있으며 조용히 챙겨주는 걸 즐기는 편입니다. 선한 인상에 누구라도 금방 다가와 친해지고 싶은 면모를 보이죠. 그래서인지 거절하는 게 이 세상에서 가장 어렵습니다. 기분 나쁘지 않게 거절하는 비법 세 가지를 미리 준비해 가지고 다녀 보세요.

4. 침구류와 집안 곳곳에 페브리즈를 뿌린다

"어딜 가도 종종 네가 생각나."

이걸 고르신 당신은 고양이과군요. 높은 곳을 좋아하는 고양이처럼 어딜 가서도 상석에서 관심 받기를 좋아합니다. 사람들이 북적이는 인간관계는 싫지만 묘한 호기심을 일으키는 당신은 이미 관찰대상 1호. 다른 사람들을 향한 배려의 기술을 익힌다면 당신에 대한 호감도는 급상승할 것입니다.

아침에 일어나 규칙적인 생활을 하시는 편인가요?

6. 몸이 항상 무겁고
피곤하신가요?

얼굴 없는 울 엄마

마음이 찌뿌둥한 날에는 샤워를 한다. 뜨거울 물줄기가 등허리를 타고 내리면 굳었던 몸과 마음이 말랑해지는 걸 느낀다. 샤워실 안은 곧 습기가 가득해진다. 유리창에 맺힌 물방울들이 주르륵 미끄러져 내린다. 떨어지는 물방울을 보면 달려가는 삶의 시간을 느리게 만들어준다. 복잡한 마음이 차오른 날엔 그 무게를 이기지 못하고 스르륵 하강하는 날이 있다. 내 안에 남의 말들로 가득 찼을 때, 어깨를 짓누르는 책임감이 무력함으로 남아 털어내지지 않는 날 말이다. 그런 날이면 젖은 빨래를 짤수기에 꾹꾹 짜내듯이 감정에도 탈수가 필요하다.

일단 아무 생각하지 않고 밖으로 나간다. 운동화 끈을 조여매고 모자를 눌러쓴 채 무조건 걸어본다. 햇빛의 온기는 등을 따스하게 쓰다듬고 선선한 바람은 코끝에 불어와 제대로 숨을 쉬게 만든다. 땅의 기

엄마의 삶에도 문진표가 있나요?

운을 밟으며 걷다보면 사소한 것들로부터 감동을 받는다. 아무렇게나 흐드러지게 핀 풀꽃, 안간힘을 쓰는 지렁이와 나비들을 바라보면 평범한 하루가 좀 더 특별해진다.

앞에 세 명의 여자가 걸어간다. 주말을 지나고 만나 더 반가운 기색이다. 그들 사이에는 넘쳐나는 수다가 끊이질 않는다. 나란히 선 중년 여성 셋이 자매처럼 닮아 있다. 외모도 분위기도 꼭 닮아 '우리 엄마'를 떠올리게 한다. 그녀들은 어깨까지 내려오는 중단발 머리에 네모난 가방을 가로질러 맸다. 신속히 여닫기 쉬운 지퍼형식에 무겁지 않은 중저가 브랜드의 숄더백이다. 가방은 모두 검정색이다. 검정은 경제적이다. 때가 타지 않아 오래 쓸 수 있고 어떤 옷에도 둘러맬 수 있다. 엄마는 다른 예쁜 색상들을 자식들을 위해 양보했을지도 모른다. 검정은 '무던함'과 '미뤄두는 마음'이다. 서로 각자 다른 신발에서 취향이 갈린다. 아이보리색 샌들을 신거나 운동화 혹은 가죽 로퍼를 신었다. 문득 그녀들을 바라보다 나의 엄마가 떠올랐다. 내가 어릴 적 바라보며 자라던 엄마의 라운드 등과 닮아 있었다.

어릴 적 울 엄마는 늘 반팔티셔츠에 청바지를 입었다. 티셔츠는 단정히 바지 속에 넣고 검정색 가죽벨트를 맸다. 바닥이 푹신한 운동화를 신고 단출한 숄더백을 매면 신이나 발바닥으로 트위스트를 추던 밝은 나의 엄마. 내 기억 속에 엄마는 늘 짧고 뽀글뽀글한 파마머리였다. 파마가 풀릴 즈음이면 미장원에 가면 이삼만 원에 자신감을 말고 오셨다. 엄마는 가끔 보자기를 뒤집어 쓴 채로 동네를 활보하기도 했다. 엄마에게는 일 분 일 초가 아쉬웠으리라. 아침드라마에 나오는 평범하고 특별할 점 없는 엄마의 품은 세상 누구보다 가장 푸근했다.

엄마는 얼굴도 체구도 평범했다. 그런 엄마가 특별해지는 순간이 있었다. 외출을 앞두고 꽃단장을 할 때였다. 엄마는 화장을 시작하기 전에 늘 구불구불한 롤을 머리에 말았다. 그 다음 커다란 분통을 열어 얼굴 위에 두드리면 은은한 향기가 퍼졌다. 엄마의 익숙한 살냄새도 좋았지만 화장품 냄새가 나는 엄마도 좋았다. 입술을 바를 때면 늘 솔로 발랐다. 붉은 루즈를 칠하면 입술은 금방 자둣빛으로 물들었다. 마스카라를 하던 순간에선 늘 웃음이 터져 나왔다. 턱을 살짝 벌린 채 눈을 희멀건하게 뜬 엄마의 표정이 어딘가 재밌다고 생각했다.

엄마가 화장하는 과정은 늘 같았다. 화장품이라고 해봐야 가지 수가 얼마 되지 않았기 때문이다. 서랍장 한 칸에 초라하게 모인 화장품들도 어린 시절엔 보물단지처럼 귀해보였다. 엄마가 이거 저것 찍어 바를 때마다 예뻐지고 생기가 돌아나는 모습에 기분이 좋아졌다. 드라이를 마칠 때면 콧노래를 부르며 화사하게 피어난 엄마가 날개를 달고 좋은 곳에 날아가 훨훨 놀다 들어왔으면 좋겠다고 생각했다. 엄마가 향하는 곳은 아쉽게도 언제나 일터였다.

막내인 내가 초등학교 입학하자 엄마는 생활전선에 뛰어들었다. 부지런한 IMF는 우리 집에도 잊지 않고 들러주었다. 그 당시 가정주

엄마는 자식들을 위해서라면 세상 무서운 게 없다고 떠올렸다.
우리 집에는 조금 늙은 이금희 여사가 산다.
"뭐든지 다 팔아 요원" 엄마들의 승승장구를 응원해본다.

부로 살던 여자가 돈을 벌 수 있는 곳은 많지 않았다. 젊었을 땐 환경이나 처우가 좋던 백화점에서 일했지만 점차 노년이 될수록 마트로 옮겨졌다. 엄마는 유능한 판매요원이다. 그녀는 두부, 식용류, 족발, 샴푸, 옷, 안 팔아 본 적 없는 "뭐든지 다 팔아 요원"이었다. 사람들을 설득해 파는 일에는 이금희 쇼호스트 못지 않았다. 30년의 세월동안 쉼 없이 달려오며 도가 텄달까.

만약에 엄마가 회사원이었다면 그 많은 세월동안 수고했다며 표창장 하나 받을 만한데 엄마의 사정은 점차 어려워졌다. 새로운 곳에는 늘 텃새가 있었고, 같이 일하는 사람들의 연령은 점점 어려졌다. 한 번은 아들뻘 되는 담당관리자 밑에서 일을 하게 되었다. 그 담당은 젊은 혈기로 나이든 여자들을 만만히 보고 욕설과 폭언을 내뱉는 부류였다. 한때는 자기 할 일도 전부 여사님들에게 떠넘긴 채 술이 덜 깬 채로 출근하기 일수였다고 한다.

엄마는 마침 갱년기의 정점을 지나고 있었다. 중2병을 이기는 갱년기의 남성호르몬은 실로 무서웠다. 엄마는 다른 여사님들과 함께 손을 잡고 본사에 강력하게 저항해 무찔렀다. 무사처럼 강한 사람인 줄로만 알았던 엄마도 약해지는 순간이 있었다. 좀처럼 판매량이 오르지 않는 날에는 제 일처럼 걱정하느라 입맛도 떨어졌다. 출근 한 시간 전에 미리 나와 일할 준비를 했다. 엄마는 알아주는 사람이 없어도 늘 새로운 걸 배우는 사람이었다. 또 입바른 말을 잘하는 사람이었다. 가끔 함께 있으면 따갑지만 늘 안과 겉이 일치하는 사람이다. 가끔 전화를 걸면 딸에게도 애정이 담긴 비수를 꽂을 때가 있다. 그러나 주위 사람들도 그런 엄마를 인정하기 시작했는지 늘 사람들로 북적인다.

"엄마, 카카오톡에 사람들이 뭐 이렇게 많아? 내려도 내려도 끝이 없네?"

"엄마가 이 동네 빠꼼이잖아. 사람들이 뭐 물어볼 거 있으면 다 엄마한테 먼저 전화해."

어릴 땐 마트에서 일하는 엄마가 부끄러웠다. 어쩌다가 친구들과 지나쳐도 몰래 동선을 피해갔다. 두건을 쓰고 앞치마를 두른 채 모르는 사람들에게 말을 거는 엄마를 꼭꼭 숨기고 싶었다. 시간이 흘러 나도 '엄마'가 되었다. 그 시절의 엄마를 되돌아보니 너무도 자랑스러웠다. 혼자서 억척스럽게 자식들을 키워내고도 늘 무언가를 열심히 배우는 엄마를 볼 때면 삶의 열의가 전해진다.

밖에서 늘 강한 엄마도 퇴근 후 조끼를 벗으면 여린 사람으로 되돌아간다. 엄마는 원래 강한 사람이 아니었다. 자식들을 키워내며 엄마로 살기 위해 잠시 썼던 가면이었다. 무심코 건넨 꽃 한 송이에, 자식이 부끄럽게 내민 얇은 용돈봉투 앞에 하루 종일 신이 나는 사람이다. 엄마는 봉투를 들고 곧바로 화초가게로 달려간다. 식물을 좋아한다. 식물을 좋아하는 사람은 가만히 세상을 관조하는 화초를 닮았다. 무해한 사람, 조용히 남이 던진 돌을 맞고 삭이는 사람이다. 그리곤 스스로 햇볕을 맞으며 스스로 일어서는 신비한 힘을 갖고 있다.

엄마의 화초사랑은 남다르다. 친정집 베란다는 맹그로브 숲을 옮겨놓은 것 같다. 초록초록 온갖 화초들로 가득하다. 키가 천장까지 닿을 만큼 큰 야자나무에서부터 다육이까지 품종도 다양하다. 엄마는 식물이 아플 때면 가족처럼 잎을 솎아주고 영양제를 꽂아가며 정성껏 간호해 살려낸다. 죽어가는 식물도 엄마의 손 안에서는 척척 살아났다. 예민한 사람들은 화초의 작은 변화를 금방 알아차린다고 한다. 그때 나는 알았다. 거친 삶을 무디게 살아온 엄마의 속살은 무척 예민한 사람이라는 걸 말이다. 살아내느라 입었을 무딘 갑옷 속에 여린 살갗은 종종 까지고 진물이 나곤 했다. 어쩌면 엄마는 삶이 버거워질 때마다 자신을 돌보듯 화초를 가꿨던 걸까.

"딸, 엄마가 오늘 족발팔면서 신메뉴로 돼지꼬랑지를 출시했는데 말야."

"으헉 좀 징그러운데. 사람들이 돼지꼬리를 대체 어떻게 사먹어?"

"족발처럼 쫄깃하게 삶은 다음에 바비큐소스 발라서 굽는 거지."

"오 말만 들으니 그럴싸한데? 그래서 오늘 많이 팔았어?"

"얼굴이 예쁜 젊은 아가씨들이 와서는 맛있다고 죄다 사가더라."

"뭐라고 말하면서 팔았는데?"

"돼지 꼬리 사가세요. 돼지가 꼬랑지를 얼마나 요리조리 잘 흔드는지 몰라요. 요게 또 얼마나 쫄깃쫄깃하고 고소한데요. 콜라겐 덩어리에요 덩어리!"

귀여운 울 엄마. 오늘 매출도 무사히 올렸겠다. 집에 가서 두 발 뻗고 내일아침까지는 편하게 잠을 잘 생각에 전화받는 내내 흐뭇해졌다. 여린 사람이었던 엄마는 아이들을 지키기 위해서 무엇이든 될 수 있다. 엄마는 자식들을 위해서라면 세상 무서운 게 없다고 떠올렸다. 우리 집에는 조금 늙은 이금희 여사가 산다. "뭐든지 다 팔아 요원" 엄마들의 승승장구를 응원해본다.

아기가 현관문을
지키는 까닭

아기가 오후 내내 사라졌다. 좋아하던 장난감과 함께 증발했다. 쌀알이 춤을 추던 딸랑이도 소리 소문이 없다. 바닥에 흘린 침 자국도 보이질 않는다. 집안에 숨어있는 사각지대를 샅샅이 뒤지던 찰나. 저 멀리 생명체의 흔적이 발견되었다.

우리 집은 현관으로 향하는 복도가 런웨이처럼 펼쳐진 복도형 아파트이다. 일자로 넓은 복도는 딱히 쓸모가 없어 불을 꺼 놓는다. 캄캄한 복도 끝 어디선가 낮은 숨소리가 들려왔다. 코딱지 하나가 끼인 것처럼 '쉭쉭' 거리다가 '쉑쉑'거렸다. 우리 집 아기였다.

불빛 한 점 없는 캄캄한 곳에서 아기는 무얼 하고 있었을까. 깨금발을 들고 쫓아갔더니 아기는 어둠 속에서 미동도 없었다. 두꺼운 유리가 끼워진 중문을 마주 한 채 그냥 앉아 있었다. 조용히 고개만 까딱일 뿐 시선은 중문을 너머 현관에 붙박였다. 중력을 이기지 못하고

196

오랜 기다림 그 끝에는 반가움이 있다는 걸 아기도 곧 알게 될 것이다.
우리는 내일 다시 만나 전처럼 웃을 것이다.

땅으로 푹 떨어진 홍시처럼 주저앉은 아기의 작은 등은 말랑했다. 그걸 바라보는 게 힘이 들었다.

몇 달 전이었다. 아파트에서 노후 수도관을 교체한다는 안내방송이 나왔다. 아이들과 놀이터에서 땀 흘리고 들어와 밥을 지어 먹인 후였다. 설거지를 하려고 수도꼭지를 틀던 순간 심장이 멎는 줄 알았다. 수도관 깊은 곳에서 괴물이 포효하는 괴성이 흘러나왔다. 녹물 한 두 방울도 함께였다. '아차, 단수라는 걸 잊었구나.' 화장실에서는 얼굴에 비누거품을 잔뜩 묻힌 첫째가 소리를 질렀다. "엄마, 물이 안 나와! 이상한 소리만 자꾸 으스스하게 나와!!!"

수도꼭지를 살짝 쥐고 돌렸을 때 시원한 물이 콸콸 쏟아져 나오리라는 기대감이 무너졌을 때의 당황함이란. 그동안 물을 틀면서 한 번도 감사함을 느껴 본 적이 없다는 게 참 신기했다. 그런 당황함이 우리 가족에게 한 번 더 일어났다.

아빠가 회사 사정으로 지방 발령을 떠나야 했다. 빠르면 몇 달이지만 길게는 몇 년이라 했다. 코로나 시국에 일자리를 잃은 아빠들도 많은 터라 그나마도 감지덕지 해야 했다. 언제나 당연하다고 느꼈던 아빠의 자리는 실로 당연한 게 아니었다. 아빠 없는 가족의 삶은 때론 '삐걱'대고 '끽끽'대기 시작했다. 늘 아빠가 해오던 집안일 중 최고 난이도는 '아기와 분리수거'하기였다. 아기띠로 아기를 안고 유모차 위에 아슬아슬 쌓은 '분리수거탑'을 무너뜨리지 않고 버려야 하는 미션이다. 거기에 음식물 쓰레기라도 합승하는 날은 품에서 잠든 아기에게 절로 미안해졌다.

물리적인 문제는 대개 엄마의 '팔뚝 힘'이나 '돈'으로 해결할 수 있었다. 정서적인 문제는 어찌할 수가 없었다. 엄마는 두 아이들을 알뜰살뜰 보살피느라 그리움을 느낄 새가 없었다. 남편에게는 미안하지만 생활이 바빠 그립다는 감정을 꺼내어 본 적은 없었던 것 같다. 아홉 살 첫째는 상황을 설명해주면 잘 이해를 했다. 물론 이해했다고 그립지 않은 건 아니었다. 다만 동생이 있으니 티 내지 않고 꾹 참고 있었을 뿐이다. 엄마 몰래 아빠랑 단 둘이서 핸드폰으로 톡을 주고받는 일이 늘어났다.

둘째는 아기라 수월할 줄 알았다. 아기에게는 아직 언어가 없었으니까. 그저 온 종일 '먹고 자고 쌀' 뿐이다. '엄마, 젖병, 이유식, 기저귀, 아기띠'로 이루어진 삶. 언어를 모르니 사고체계가 없을 거라…… 간단히 생각했는데, 아니었다.

언어가 없어도 사랑은 존재했다. 아기는 언어 없는 사랑을 했다. 아빠를 가슴 속 깊이 좋아했다. 분리수거를 한다며 나간 아빠가 돌아올 때가 되었는데…… 다시 돌아오질 않는다. 넓은 어깨로 포근히 안아주고 굵은 팔뚝으로 아기를 들어 올려주던 아빠. 자신을 향해 웃어주던 아빠가 어느 순간 갑자기 사라졌으니 아기로선 미칠 지경이다. 잘못한 게 없는 것 같은데 아빠가 사라진 이유를 알 수 없으니. 아이는 결국 아이다운 방법으로 찾아 나섰다. 아빠가 사라진 불 꺼진 현관 문 앞에 앉아 있기 시작했다. 언젠가부터였다.

아기에게는 약속의 말을 할 수 없었다. '이번에 다녀오면 장난감 사줄게'라는 달콤한 회유도 할 수도 없었다. 문 밖으로 나간 아빠는 그냥 '가버린' 거였다. 아기는 아빠의 시원한 살결과 나긋한 음성이 그리워했다. 다정한 눈빛 하나면 아기는 다 되었다.

'저 문을 통과해 나간 아빠가 왜 돌아오지 않을까……'

주인을 기다리는 강아지는 그가 매일 아침 어디로 가서 무얼 하는 지 알 수 없다. 그저 옷깃에 딸려온 냄새를 맡을 뿐. 아기 또한 마찬가지겠지. 아빠가 왜 날 떠나는 건지 아기는 도통 모르겠다. 아빠는 저 문을 통해 나가면 어디를 헤매고 돌아오는지 알 수가 없다. 아기는 많이 답답했을 것이다.

엄마도 이만하면 잘 견뎌내고 있다고 생각했는데, 어둠속에서 돌아선 아기의 등을 발견하곤 왈칵 눈물이 타오르기 시작했다. 혼자서도 잘 해내야 한다는 부담감, 아빠 없는 티 나지 않게 키우려는 욕심, 내 안을 가득 메우고 있던 긴장감들이 녹아내리자…… 가슴 한가운데를 든든히 막고 있던 수도관이 터져버렸다. 엄마의 눈에는 눈물이 홍수처럼 불어났다. 아기를 와락 끌어안고…… 작은 등 뒤에서 몰래 눈물을 훔치는 일 밖에는 할 수 없었다.

아기에게 언어가 없는 사랑과 인내의 시간들이 어려웠을 것이다. 문득 아기의 시선으로 바라보니 세상에는 이해되지 않는 게 참 많은 것 같다.

'가족이면 함께 밥 먹어야 하는 거잖아요'

'그런데 아빠는 왜 맨날 늦어요……'

'그런데 아빠는 왜 맨날 얼굴을 볼 수 없어요……'

'그런데 왜 우리는 같이 살 수 없나요……'

라고 아기가 묻는다면 어떻게 대답해야 할까.

몇 일 전이었다. 기쁨에 흠뻑 젖은 아빠의 목소리가 전화기 너머로 들려왔다. 코로나 백신을 맞게 되어 휴가를 받은 것이었다. 백신 접종 전에 부작용 우려로 두려워할 법도 한데. 아빠는 두 아이들을 품에 안을 생각에 마냥 신이 나 있었다. 타이레놀을 사들고 몇 시간을 달려온 아빠는 오랜만에 아이들이 내어주는 품 안에서 신나게 놀았다. 다함께 배추에 소고기를 겹겹이 올려 만든 꽃 모양 밀푀유 나베도 끓여 먹었다. 해질 녘이면 부지런히 유모차를 끌고 개천을 따라 산책했다. 누군가에게 평범할 수 있는 일상이…… 한 가족에겐 더없이 소중하고 달콤한 시간이었다. 아이들을 향한 그리움이 찰방찰방 차올라 익사하기 직전이던 아빠를 우리에게 보내준 백신이 참 고마웠다.

떠나기 전 아빠는 아기를 품에 꼭 끌어안고 냄새를 맡았다…… 내려놓고 떠날 것처럼 현관으로 갔다. 다시 돌아와 아기를 안았다. 그렇게 몇 번을 반복 끝에 힘겹게 떠나갔다. 길어지는 코로나로 경제침

체 또한 길어지고 있다. 생계를 이어나가야 하는 자영업자나 중소기업의 근로자들이 안정적인 생활을 위협받고 있다. 어서 빨리 아이들과 다 함께 안심하며 살 수 있는 안전한 세상이 도래하기를. 한동안 우리 가족들도 행복했던 추억을 미끼삼아 열심히 살아 내 볼 작정이다. 서로에게 존재만으로도 힘이 되어주는 사람들이 있다. 오랜 기다림 그 끝에는 반가움이 있다는 걸 아기도 곧 알게 될 것이다. 우리는 내일 다시 만나 전처럼 웃을 것이다.

초록불이어도 괜찮아

단잠을 자다가 눈이 떠졌다. 시계를 보니 새벽 다섯 시였다. 알람을 맞추고 일어난 게 아니라 조금 억울했다. 울끈불끈. 혈관을 타고 흐르던 피를 노린 모기 한 마리가 단잠을 앗아갔다. 우연처럼 새벽기상을 하게 되었다. 새끼를 부화시키려는 엄마 모기만이 피를 노린다던데. 부지런한 암컷 모기 덕분에 미라클 모닝을 누리게 되었다니. 값지게 보내 볼 요량이다.

'새벽 다섯 시 세상은 어떤 모습일까……'

창밖이 온통 뿌연 안개로 뒤덮여 있다. 잠이 덜 깬 걸가 싶어 눈을 비볐다. 고층 아파트에서 내려다본 풍경은 흡사 유령도시 같았다. 8차선 도로에 차가 한 대도 없는 광경은 낯설었다. 검은 아스팔트 위에

'괜찮아 초록불이어도 괜찮아. 다음 불에 건너가면 되니까.'

그려진 페인트가 그 어느 때보다 밝게 빛났다. 얼굴에 불어오는 바람의 촉감을 느끼며 한동안 그대로 서 있었다. 시간이 흐르자 서서히 버스와 택배 트럭이 오가기 시작했다.

얼마나 지났을까. 버스정류장에는 어느새 사람들이 나타났다. 양복을 한껏 차려입은 직장인들은 대체 몇 시에 일어났을까? 어둠속에서 부스스 떠지지 않는 눈과 몸을 일으켰을 이른 시간을 생각하자 아찔했다. 고작 다섯 시에 일어난 걸 대견해 했던 스스로가 부끄러워졌다.

아침 이슬 샤워를 마친 풀냄새, 까치가 뱃속에서 개워 낸 울음소리, 노면 위를 구르는 타이어의 마찰음이 새삼 이국적이다. 길죽한 쇠창살 베란다에 쪼그려 앉아 사람들의 출근길을 훔쳐보는 일도 꽤나 멋지다. 아기를 키우며 출근할 일이 없어 좋았지만 퇴근 또한 없어 서글펐다. 365일 24시간이 늘 긴장의 시간이다. 엄마만 바라보는 아이들을 위해 아파서도 안 된다. 이렇게 혼자만의 시간을 가져 보는 게 얼마만인지…… 가족들이 곤히 잠든 방을 등지고 나와 혼자 있는 시간동안 가슴이 파르르 떨려왔다.

어느덧 정류장에는 통근 버스를 기다리는 행렬이 꼬리를 물었다. 하나 둘 무거운 발걸음을 이끈 사람들이 터덜터덜 나왔다. 도로 위에 자동차들도 슬슬 행진을 시작했다. 창문으로 들어오는 햇빛의 조도가 밝아지자 집안에 고여 있던 어둠을 몰아냈다. 침묵이 가득한 새벽 도시에 사람들로 북적이자 다시 활기를 찾아갔다. 저기 비상등을 깜

몸이 항상 무겁고 피곤하신가요?

빡이며 거대한 관광버스들이 몰려온다. 길게 줄 서 있던 사람들이 홀린 듯이 버스에 올라탄다. 마치 더듬이가 달린 거대메뚜기가 사람들을 집어 삼키는 현장 같았다. 버스에 올라탄 사람들이 내뱉은 한숨이 모이자, 버스는 크게 울부짖으며 떠나간다. 묵직함을 지탱하려는 작은 바퀴가 힘겹게 노면을 구른다.

얼마 전 아홉 살 딸아이와 길을 건너려던 참이었다. 아이는 횡단보도 앞에서 당황한 눈초리였다. 초록불이 깜빡이자 건너야 할지 말아야 할지 고민이 되었나보다. "엄마, 초록불이 깜빡여도 괜찮아. 서두를 필요 없어. 다음 신호에 건너면 되니까." 빠른 속도로 건너가는 사람들을 바라보며 아쉽지만 우리는 다음 신호에 건너기로 했다. 나의 두 손에는 묵직한 신생아 유모차가 들려 있었기 때문이다. 그 속에서 숨을 몰아쉬는 작은 아기를 생각하면 좀처럼 서두를 수가 없었다.
엄마로 살고 있는 지금의 인생도 마찬가지일 것이다. 직장생활하며 사회로 바쁘게 나아가는 친구들을 바라보면 불안해진다. 아기를 생각하면 차마 서두를 수 없는 마음이 들었다. 하나의 소중한 생명을 품기 위해 잠시 그 초조함을 비워본다. 온 우주의 중심이 엄마뿐인 아기는 아무것도 모른 채 방끗 미소 짓는다. '괜찮아 초록불이어도 괜찮아. 다음 불에 건너가면 되니까.' 조금만 기다리자 금세 초록불에 불이 들어오기 시작했다.

토끼를 닮은 아기의 앞니

"넌 돼끼돼끼해 또 말랑말랑해

니 냄새까지 너무나 사랑스러워

눈이 안 보이게 웃으면

심장이 아프잖아

넌 토끼시끼해 또 뽀실뽀실해

니 뱃살까지 너무나 사랑스러워

젤리 같은 너 마냥 소중해

영원히 안아줄게~~에~~~"

  트로트 가수 장윤정이 어린 딸을 위해 만든 노래 〈돼지토끼〉 속 노랫말이다. 우리 집에도 생후 십일 개월 돼지토끼가 살고 있다. 아기는 노랫말을 쏙 닮아 품에 안으면 말랑하고 부드럽다. 이 작은 녀석에게는 아쉽게도 치아가 없었다. 입에 쏘옥 넣어주고 싶은 달콤한 열대 과일과 산해진미가 넘쳐나는데 아기는 이가 없어 먹을 수 없었다. 비릿한 분유와 흐물흐물한 이유식을 넙죽 잘 받아먹는 걸 보니 아마도 아기는 '평화주의적인 성격'이 아닐까 생각했다. 아니었다. 그건 순전한 희망사항일 뿐이었다.

'입속에 근질근질한 개미군단이라도 쳐들어온 걸까?'

아기는 요즘 잇몸이 가려워 참을 수가 없다. 아마도 치아가 나오려나 보다. 아기는 쉴 새 없이 침이 흘려 볼살에 붉은 침독이 올랐고 기저귀는 갈아줘도 영 찝찝한 기색이다. "80수 순면 기저귀를 달라!" 농성이라도 하는 걸까. 아기는 틈만 나면 울고 깨물기 시작했다. 토끼 같은 앞니 두 개로 온갖 집기들에 이갈이 흔적을 남기며 집안은 점차 남루해졌다.

네 귀퉁이를 갉아 버린 동화책, 원목 소파 위에 스크래치와 심지어 서랍장 손잡이까지 이로 싹싹 긁었다. 그런 아기가 귀여워 껴안으면 어김없이 어깨 위에도 앞니 두 개가 박혔다. 운 좋게도 살점은 떨어져 나가지 않고 잘 붙어 있었다. 아기는 해맑은 얼굴로 '깨무는 일'에 진심인 편이다. 꺄르르르 웃으며 아픈 엄마를 위로라도 하듯 이번에는 뺨을 철썩철썩 때린다. 아기들은 귀여운 '폭력쟁이'이다. 얼얼해진 두 뺨과 쥐어뜯긴 머리카락을 볼 때면 성악설에 한 표를 실어주고 싶다. 첫째 아이가 울상이다.

"엄마, 온이가 깨물면 너무 아파 눈물 날 뻔했어……"
"아궁 얼마나 아팠을까. 엄마도 그런 적 있어 백 번 이해해."
"이렇게 하면 어때? 온이 옷에다가 '우리 아기는 안 물어요'라고 써붙이자!"
"아니, 그걸 왜?"
"사람들이 귀엽다고 쓰다듬는데 콱 물어버리면 어떻게 해. 지난번에 엄청 크게 짖던 개 주인이 그랬거든 '우리 개는 안 물어요!' 난 그 옆을 지나가는데 다리가 후들거렸다구……"

큰 아이에게 동생은 '친구'가 아닌 '반려동물'이었던 걸까. 아마도 뒤늦게 만난 동생이 작고 귀엽고 사랑스러웠으리라. 첫째는 아기동생을 늘 사랑으로 보듬어준다. 이 세상에서 사랑으로 품어 줄 사람이 한 명 더 생겼다는 생각을 하자 동생 낳기를 잘했다는 생각이 들었다. 사랑은 누군가에게 품을 내어주는 일인가 보다.

옛날 옛적에 어느 사자가 농부의 딸에게 반해 청혼을 했다. 농부는 아끼던 딸을 맹수에게 줄 수 없었다. 이빨과 손톱을 뽑고 오면 결혼을 시켜주겠다고 했다. 사자는 그 딸을 너무도 사랑했기에 이를 실행에 옮기자, 농부는 사자를 마구 두들겨 패며 내쫓았다. 남을 너무 쉽게

믿는 사람은 자신이 지닌 고유한 장점을 잃게 된다. 그리하여 자신을 두려워했던 사람들에게 손쉬운 먹잇감이 된다는 이야기이다. 아기에게 있어 울음과 이빨은 생존과 결부된 중요한 수단이었을 것이다. 아기가 우렁차게 울고 깨물 수 있음에 감사를 표한다.

엄마의 삶에도 문진표가 있나요?

첫째와 둘째
뭐가 다른가요?

침대에서 눈을 뜨면 영락없이 하루가 시작된다. 오늘을 또 살아내야 한다는 부담감에 눈을 감고 이불을 당겨보지만 아이와 눈이 딱 마주친다. 곤히 잠자는 둘째의 늦잠을 방해하고 싶지 않아 첫째만 데리고 살금살금 방을 빠져나온다. 어둠이 가시지 않은 거실에 따스한 조명을 켠다. 아이에게는 과채주스를 내어주고 따뜻한 커피 한 잔을 내린다. 원목식탁에서 아침을 시작된다. 아홉 살 딸아이는 요즘 빠져있는 《비밀의 화원》을 읽고 있다. 엄마는 아침 일기를 쓴다. 빈 종이를 어떤 말로 채울까 고민으로 시작하지만, 의식의 흐름대로 쓰다보면 한 편의 수다처럼 재미가 느껴진다. "시간이 없어"를 습관처럼 달고 사는 현대 사회 속에서, 아침시간은 스스로를 돌아보는 여유를 선물해준다.

그대로 시간은 흘러 열두 시가 되었다. 오전시간은 택시요금 미터

몸이 항상 무겁고 피곤하신가요?

기에 말처럼 빨리 달린다. 아이의 배꼽시계가 정직하게 울렸다. 끼니를 준비해야 할 시간이다. 올 겨울방학은 코로와 함께이다. '외출'도 '외식'도 어려워진 지금 '삼시세끼'란 말뜻을 실감하게 한다. ('삼시색 기'라는 어른용 영화도 있더군요…… 예~허허.) 아침, 점심, 저녁을 차리고 치우다 보면 저절로 입에서 '이노무 삼시새끼!!!' 욕이 절로 나온다. '반찬가게에서 사다 먹으면 좀 어때'라고 쉽게 생각했는데. 가게에서 사온 반찬들은 쉽게 물렸다.

특히 아이들의 입맛은 정확하다. 신선한 재료들로 장을 보고 막 만들어낸 요리를 먹을 때면 엄지를 '척'하고 들어올린다. 비록 나물 한 줌이라도 방금 무쳐낸 나물에겐 마치 생명이 있는 것 같았다. "조그만 아이들의 엄지 '척'에 중독된 자. 사먹는 음식의 간편함을 영영 누리지 못할지어다." 수라간 나인이 대장숙수라도 된 듯한 자부심으로 요리를 해본다.

한 아이를 오래도록 외동으로 키우다가 뒤늦게 늦둥이를 낳았다. 자식 키우는 기쁨과 보람에 한 명 더 낳았다……라기 보다 삼신할머니가 주셔서 낳았다. 첫째도 그렇게 낳았다. 애초에 거대한 자녀 계획은 없었다. '나에게 주어진 생명이니 책임을 져야지!'라는 느낌으로 낳았다. 그렇게 낳고 보니 첫째가 너무 예뻤다. 우유를 주면 받아 먹고 눕히기만 하면 잠들고 엄마가 하자는 대로 척척 따라주는 아이가 새끼오리마냥 귀여웠다. 가르친 적 없는 말로 떠듬떠듬 엄마에게 사랑 고백을 할 때면 공허했던 빈속이 꽉 채워지는 것 같았다. 아이를 키울수록 가슴속에 뜨거운 액체가 울컥 차올랐다. '세상에서 이보다 더 예쁜 아이는 존재하지 않을 거야!'. 첫째를 향한 사랑의 콩깍지는 날로 두터워졌다.

둘째의 존재를 알게 되던 날, 처음엔 삼신할머니께 노안이 와서 '오배송'을 하신 줄 알았다. 뒤늦게 다시 엄마가 된다니 기쁘기도 하지만 조금 혼란스러웠다. (군대와 비교해 죄송합니다만 재입대 영장을 받은 것 같았다. 아기를 키우는 육아기는 사회로부터 철저히 단절된 채 홀로 싸우는 날들이었다. '단절감', '혼자', '책임감', '불안감', '퇴보' 이런 단어들을 적으로 삼아 무찔러야 했다.) 다행히도 아기를 키워본 노하우와 육아에 동참하는 첫째아이가 있어 든든했다. 나이 차이는 많았지만 성별이 같아 서로에게 좋은 친구가 되어줄 거라는 생각도 들었다. 코로나 시국이라 출산 후 아기와 격리를 당하면서도 묘한 기대감에 취해 자주 피곤함을 지워나갔다. 하나면 하나인 대로 둘이면 둘인 대로 주는 행복감이 달랐다.

나에게 첫째를 키우는 일이 '화이트칼라'라면 둘째 아기를 키우는 일은 주로 몸을 쓰는 '블루칼라'였다. 인간의 '저 밑바닥에 있는 욕구'를 채워주는 일로 시작된다. 아기들에게는 먹고, 트림하고, 잠자고, 배설하는 일이 생명과 결부되어 있기 때문이다. 하루가 다르게 사진 속에 얼굴이 달라질 만큼 아기는 안간힘을 다해 매일 자라주었다. 아기가 잘 먹고 잘 자기 시작하고부터 '편안함을 채워주는 일'을 시작했다. 하루 종일 휘저었을 팔다리를 따뜻한 물속에 담가 쉬게 해주는 목욕시간이었다. 얇은 뼈마디를 잘못 만지면 부러질까 목욕시간이 다가오는 두려움의 고비를 넘겼다. 엄마는 날마다 목욕관리사가 되어갔다.

아기가 기어다니기 시작하면 '리스크 관리' 업무가 추가된다. 머리를 바닥에 쿵 찧거나 잘못 휘두른 장난감이 제 얼굴로 향하는 순간을 경호를 해주는 업무이다. 침대에서 떨어지는 것도 순식간이라 이쯤이면 온 바닥이 매트도 도배된다. 아기는 피부를 위해서인지 자꾸만 이유식을 얼굴에 발랐다. 둘째라 그런지 육아가 정석대로 되지 않아도 즐거웠다. 아기를 돌보는 일은 몸은 고되지만 커가는 모습을 금방 눈으로 확인할 수 있어 뿌듯함은 배가 되었다. 진정한 노동의 즐거움이었다.

첫째 아이처럼 작았던 시절이 내게도 있었다. 그때는 맞벌이를 하던 부모님 밑에서 자랐다. 학교와 학원을 돌고 돌아 늘 불 꺼진 집 앞에 서있었다. 현관문을 따고 들어가야 하는데 열쇠를 넣고 돌리는 일이 힘에 부쳤다. 아무도 없는 집을 밀고 들어가는 순간 외로움에 휩싸이는 게 지독히도 두려웠다. 바쁜 엄마가 부지런히 만들어 놓고 간 반찬은 냉장고 안에서 싸늘하게 식어 주검이 되어 있었다. 국을 데우고 상을 차려 혼자 먹는 게 싫어 자주 라면 물을 끓였다. 퇴근 후 엄마는 냉장고에서 얼어붙은 듯 손대지 않은 반찬을 보며 자주 한숨을 쉬셨다. 어쩌다 엄마가 휴무인 날도 있었다. 집으로 돌아와 창문에 불이라도 켜져 있으면 마음이 개처럼 신이나 들떴었다. 목에는 늘 목걸이로 된 집 열쇠가 있었지만 그 날은 꺼내지 않았다. 당당히 초인종을 누르자 문이 열렸다. 어린 마음에 부모가 곁을 내어주기만 해도 절로 따뜻하고 행복지곤 했다.

이 세상 엄마들은 지금 아이들을 알처럼 따뜻하게 품고 있는 중이다. 차가운 바람이 부는 빙하 위에서 작은 알들이 부화되길 기다리는 펭귄처럼 말이다. 아이들이 품안을 떠나기 전까지는 '엄마'라고 부르면 지켜줄 수 있는 거리에서 늘 바라본다. 내가 했던 선택은 가부장적인 시대에 '희생정신으로 무장한 엄마'로 되돌아가자는 건 아니다. 단순히 아이들 길러내야 한다는 책임감이 시작이었다. 지금은 아이들이 있기에 내일이 더 기대가 된다. "사람은 이타적으로 살수록 행복하다" 달라이 라마가 말했다. 아이들을 위한 내어주는 시간과 품 한 구석은 어쩌면 스스로를 채워가는 일인지도 모르겠다. 아이들과 함께 부지런한 사랑의 곳간을 채워간다.

장작불처럼
뜨거운 아이 곁에
바람이 되어

잠자는 아기가 뜨겁다. 머리에서 이글거리는 열기가 뿜어져 나온다. 찜통 위에 김이 모락 나는 왕만두처럼 아기에게서 뜨거운 열기가 전해져 온다.

팔다리를 축 늘어뜨리고 옆으로 돌아누워 잠든 아기의 모습이 참나무 장작 같다. 활활 달아올라 성난 듯이 열기를 뿜어댔다. 엄마가 손으로 부채질을 해주면 아기에게서 타닥 타닥 소리가 날 것만 같다. 아이는 활활 타오르며 잠자는 동안 한 뼘 더 자라난다.

순간 엄마는 바람이 되고 싶었다. 장작불 사이를 이리저리 넘나들며 불씨를 조절해주고 온기를 유지할 수 있는 고마운 실바람.

아이의 티셔츠 속에 손을 넣어 축축이 젖은 등을 토닥토닥 말려준다. 이마에 흘러내린 머릿결을 쓸어올려주는 이 순간…… 엄마는 바람 한 점으로 다시 태어난다.

순풍에 돛을 단 듯 아이가 항해하는 바다에서 너무 오래 헤매지 않기를 바라본다. 언제까지나 아이가 눈에 보이지 않게 되더라도 곁에서 지켜줄 것이다.

올 여름도 코로나로부터 아이들을 지키기 위해 집이라는 동굴로 숨었다. 코로나 확진자는 온도계의 숫자와 함께 치솟고 있었다. 태양이 이글거리고 갯벌 구멍 속에 몸을 숨긴 채 기다란 두 눈으로 세상을 빼꼼 내다보던 '참게' 신세가 따로 없다. 여름철이면 꿈꾸던 차가운 계곡물에 '발담그기'와 '파도타기'도 희망이 썰물처럼 사라져 버렸다. 불평불만 하다가도 집에서 아이들과 에어컨 바람 쐬며 안전하게 머무를 수 있는 현실에 문득 감사한다.

얼마 전에 박완서 선생님의 소설을 읽었다. 피난을 떠나지 못한 사람들이 쥐죽은 듯 집안에서 기거하는 모습을 보며 마음이 동했다. '그래. 지금 바깥은 전쟁터야.' 사람을 마구잡이로 죽일 수 있는 강력한 세균과 열섬으로 타들어가는 도시는 불바다야. 살아남은 자들이 하루하루 버티기가 시작된 것이다. 바로, 버티기 전투였다.

비대면 배송으로 주문한 식자재로 냉장고가 채워진다. 배달의 민족 국가에 살고 있어 다행히 식량조달에 어려움은 없었다. 뜨거운 여름날에 배달된 냉동식품은 파김치가 되어 뻘뻘 땀을 흘린다. 꽁꽁 쌓여진 대파에서 쿰쿰한 냄새가 난다. 다행히 더 거센 열기로 요리하면 금방 사라진다.

몸이 항상 무겁고 피곤하신가요?

아이들은 엄마가 해온 음식을 먹으며 엄지를 편다. 못난 요리솜씨도 제철에 나는 재료를 잘 만 쓰면 맛을 낸다. 양념으로 과하게 덮지 않아도 자연이 주는 슴슴하고 담백한 맛이 난다. 아기는 오동통하게 살이 오른 입술을 오므려 오물오물 씹는다. 그걸 보는 순간은 하루 중 가장 큰 희열이다. 전날 미리 끓여둔 국을 다시 팔팔 끓여도 맛이 좋다. 재료에 간이 배어나 진한 맛이 우러져 나온다. 여름엔 짭쪼름한 게 구미를 당긴다. 하루 종일 시원한 것만 찾아 마셨다. 허기가 져도 뜨신 밥은 영 달갑지가 않다. 냉장고에 넣어둔 콩나물냉국도 유사시에 싸놓은 피난길의 주먹밥처럼 언제 꺼내어 먹어도 좋은 끼니가 되어준다. 뜨겁게 달궈진 목 안의 불을 꺼준다.

전봇대 위에 전깃줄이 개의 혓바닥처럼 길게 늘어진 여름이다. 아침은 더 빨라졌고 저녁은 더 길어졌다. 두 팔과 다리가 비추는 그림자의 길이가 길어졌다. 걸을 때 땅 위의 그림자 모습이 흡사 오랑우탄 같다. 여름은 하늘 위를 물들이는 솜씨가 날로 늘어간다. 단내 나던 아이의 입으로 쭉쭉 빨아먹던 즙 많던 자둣빛 노을이다. 아이들과 살을 부비며 살아내는 여름동안 추억이 지층처럼 차곡차곡 쌓인다. 서로의 눈을 마주보며 밥을 씹어 삼키고 시덥지 않은 농담에 함께 웃는다. 뱃속에서 느껴지던 작은 태동이 자라 이렇게 큰 감동이 되다니 절로 심장을 뛰게 한다.

우리는 같은 시간에 일어나 같은 밥을 먹고 다같이 잠자리에 든다.

서로의 하루를 더 이상 궁금해 하지 않아도 되는 여름방학이다. 저기 저 앞에서 활짝 웃으며 뒤를 돌아볼 내일을 꿈꿔 본다. 좀 더 크게 웃어 봐야겠다. 코로나로 힘든 시절을 보냈지만 그때 우리 뜨끈하게 잘 보냈었지……라며 추억할 수 있게.

몸이 항상 무겁고 피곤하신가요?

눈물 1㎖의 무게

아기가 나에게로 와 꼭 안겨 울었다. 꿍 하고 넘어진 무릎이 아팠는지 옹알이를 하며 울었다. 한참을 어깨에 기대어 울다가 눈물이 멈추자 장난감을 찾아 떠났다.

아이가 떠나버린 어깨가 축축했다. 어깨 위에 옷이 동그랗게 젖었다. 진회색 동그라미 원이 그려졌다. 아기가 흘린 1㎖ 눈물의 무게였다. 한쪽 어깨가 내려가는 무게감을 느꼈다. 시간이 흐를수록 아기의 눈물자국은 말라 점점 옅어졌다. 어느새 아기는 울었던 흔적이 깨끗하게 마르자 저 멀리서 다시 웃기 시작했다.

아기는 마치 구름과도 같다. 울음과 속상함이 차오르면 엄마에게로 와 조용히 비를 내리곤 떠난다. 그리곤 다시 맑게 갠 얼굴로 세상을 향해 두 발을 내딛는다.

어릴 적 학교에서 돌아오던 길에 어깨를 누르던 책가방의 무게가

엄마의 삶에도 문진표가 있나요?

떠오른다. 그때 이후로 오랜만에 느껴지는 묵직함이었다. 누군가에게 어깨를 내어줄 수 있는 일은 근사하다. 진통제처럼 빠르고 조용한 위로가 되어준다. 아기의 머리와 뒷목 척추를 따라 쓸어주던 나의 손길은 약이 되어 힘을 실어주는 기분이 든다. 엄마의 신통한 손길에 어깨를 으쓱하게 만든다. 그래서일까 오래전부터 엄마의 손은 약손이었다. 만병통치약. 아이들을 위해 오늘의 자신을 더 아끼는 법을 배워간다.

결혼생활을 통과하며

산다는 게 점점 좋아진다. 일기를 쓰고부터였다. 평면적이던 일상을 일으켜 세우는 힘이랄까. 삶을 깊이 느낄수록 아껴주고 싶은 것들이 늘어간다. 점차 후회할 일보다 기대할 일이 더 많아졌다. 채마밭에 뿌린 씨앗이 흙을 뚫고 올라오길 기다리는 마음 같았다. 조금 늦은 나이지만 꿈도 하나 생겼다. 50살 안에 할머니 여행 작가가 되는 일이다. 나는 역마살이 껴서 방방곡곡을 쑤시고 다녀야 사는 사람이다. 중년여성에게 삶의 허기증이 찾아올 즈음 자식이나 돈에 매달리지 않고 좋아하는 일을 쫓으며 살고 싶다. 코로나가 종식되면 가장 먼저 여행을 가고 싶다. 안동의 구불한 물길이 머릿속에서 너울너울 다시 오라 손짓을 한다.

안동 고택에서 묵었던 하룻밤을 떠올리곤 한다. 한옥에는 세월이 고스란히 느껴지는 커다란 나무대문이 있었다. 오래도록 햇볕을 견뎌서일까 목재가 까맣게 그을렸다. 체중을 실어 대문을 열면 금세 또 다른 문으로 이어지던 커다란 가옥이었다. 그 당시 집주인의 세력이 대단했으리라 생각되었다. 우리는 사랑채 중에 한 곳을 빌려 묵기로 했다. 그 당시 우리는 부부의 연을 맺기 전이었다.

뱀이 앞으로 나아가듯 구부러진 강가를 끼고 하회마을을 거닐었다. 흙으로 낮게 지어진 담 사이로 그를 힐끔 바라보는데 불어오는 미풍에 머리칼이 흔들리자 좀 어지러웠다. 우리는 초가집에서 기념품으로 산 부내탈을 놓고 서로 하회탈이라며 우겨댔다. 서로 그런 싸움조차 좋아 자주 하회탈 얼굴을 하곤 했다.

마을 어귀에는 삼신당이 있었다. 그곳에는 600년 풍산 류씨의 역사를 함께해온 거대한 느티나무가 있었다. 자손의 탄생과 건강을 지켜주는 나무였다. 우리는 한지 위에 소원을 적어 새끼줄에 끼워 넣었다. 그때 그는 무엇을 빌었을까. 그가 적은 소원을 몰래 훔쳐보려다가 괜히 애꿎은 종이만 구겨서 주머니로 넣었다.

우리는 무작정 발길이 닿는 대로 거닐었다. 하늘을 반쯤 가린 절벽이 병풍처럼 둘러싼 적벽서원을 만났다. 절벽 아래 흐르는 거대한 물줄기에 앉아 물수제비를 뜨며 이대로 시간이 멈추어도 좋겠다고 생각했다. 강가에 웃자란 무명의 풀들이 흔들리자 그가 따라 춤을 추기 시작했지. 붉은 고추를 고명으로 올린 찜닭에 마신 안동소주가 효력

몸이 항상 무겁고 피곤하신가요?

을 발휘했나보다. 어깨를 짓누르던 짐을 잠시 내려놓은 모습이 편안해보였다. 그 시절 그가 홀로 짊어진 삶의 무게를 나눠들고 싶다 생각했다. 해줄 수 있는 거라곤 함께 여행을 다니며 그를 잠시 쉬고 웃게 하는 것뿐이었다. 풀밭 위에서 자유롭게 흔들리는 그를 보며 너털웃음을 지었다.

물결처럼 돌아다니다 해질녘이 되어 고택에 들어갔다. 기와집 위로 붉은 석양이 혜성처럼 떨어지고 있었다. 뜨끈한 구들방 바닥에 앉아 여행사진을 정리하던 중이었다. 문득 앞에 놓인 작은 툇마루가 눈에 들어왔다. 바람이 불어오는 곳에 앉아 있는 걸 좋아했다. 큰 창문이나 테라스가 있는 식당을 부러 찾아다녔다. 꽉 트인 툇마루에 앉아 우리 이야기를 좀 해야겠다고 생각했다. 길어진 연애의 끝 무렵 지방 발령으로 서로 결심을 해야만 했다.

'우리 이대로 이별할 것인가, 결혼할 것인가……'

누구 하나 먼저 말을 꺼내기가 어려워 툇마루에 그저 멍하니 앉아 있었다. 하늘 위로 안동 월령교의 달빵처럼 희고 둥그런 달이 떠올랐다. '기집애처럼 희고 가는 손으로 그가 한 조각 떼어 내 입으로 밀어주던 달빵은 참 시원하고 달달했는데…… 어느새 벌써 이별의 밤이라니.' 밤바람이 쌀쌀해 니트를 여미는데 어디선가 '투둑' 하는 소리가 들렸다. 까만 밤하늘을 한참 노려보고 나서야 툇마루 앞마당에 커다란 감나무가 서있는 걸 발견했다. 감나무 하나에 쌀알처럼 많은 감이 달리는지 처음 알고 놀랐다. 시커먼 밤하늘 아래 주황빛 복주머니들이 탐스럽게 빛났다. 우린 제 무게를 이기지 못하고 떨어지는 감들을 바라보며 자주 할 말을 잊곤 했다. 서로의 얼굴을 한 번 쳐다볼 때마다 감이 '툭' 하고 낙하했다. 잠시 후 마른 낙엽이 깔린 땅 위 어디선가 바스락거렸다.

매년 봄 게으른 감나무는 새순을 가장 늦게 내어놓는다. 늦은 만큼 열심히 자라고 피워낸 꽃이 지면 탐스러운 과실을 열렸다. 감나무는 오통통한 감들을 바라보며 안도의 한숨을 내쉬었을 것이다. 감나무는 긴긴 밤 추위 속에 떨며 상실감을 견뎌내고 있었던 것일까. 삼초에 한번 씩 후두둑 감이 낙하하는 소리가 들려왔다. 칼날처럼 생경한 산고를 겪는 감나무 앞에 앉아 우리는 용기를 내보기로 했다. 비록 한치 앞날도 보이지 않는 미래로 얼룩질 날들도 많겠지만, 함께 이겨내보기로 했다. 그날 새로 산 운동화 밑창을 물들였던 주황빛 감물은 끈질기게 오래갔다. 우리는 함께 살면서 오래도록 그날을 추억했다. 십년이란 결혼생활 동안 터진 감물처럼 얼룩덜룩한 추억들도 이제는 모두 아름다운 수확이 되어간다.

부부가 함께해온 시간 속에 여러 빛깔 추억이 있다는 건 축복이다. 아직 남겨진 황혼의 인생길에는 또 어떤 빛깔을 만들게 될지 은근한 기대가 된다. 어느덧 두 아이의 부모가 되었다. 어깨 위에는 아

KiMi

햇살 가득 눈부신 날이면 전해지는 가족의 온기에
부부의 삶은 저절로 따뜻해진다.
오늘도 가족들이 있기에 상처받지 않고 무사히 하루를 보낸다.

이들로 다양한 등짐을 지게 되었다. 그러나 이젠 서로가 함께 나눠들 수 있다. 햇살 가득 눈부신 날이면 전해지는 가족의 온기에 부부의 삶은 저절로 따뜻해진다. 오늘도 가족들이 있기에 상처받지 않고 무사히 하루를 보낸다. 저녁 밥상 위에는 포근포근한 감자를 넣고 졸인 안동 찜닭을 올려야겠다. 문득 뭉근하게 잘 익은 감나무가 그리워진다.

몸이 항상 무겁고 피곤하신가요?

마음 진단 올림픽

심심풀이 문진표를 풀고 나의 상태를 진단해보세요.

테스트

자녀의 학예발표회 날입니다. 어떤 꽃다발을 선물할까요?

1. 다홍색 꽃
2. 보라색 꽃
3. 노란색 꽃
4. 빨간색 꽃

결과발표

자녀에게 점수를 따는 방법

1. **다홍색 꽃**

   "부모 자식 간에 있어 가장 중요한 건 믿음"

   자녀와 어떠한 비밀도 없이 자연스러운 대화를 주고받을 수 있는 관계가 되고 싶다면 믿음이 필요합니다. 평소에 자잘한 것부터 신경 써서 서로에게 신뢰를 쌓도록 노력해 보세요. 이 세상에 나를 온전히 믿어주는 한 사람이 있다는 것만으로도 아이는 큰 힘을 얻게 됩니다.

2. 보라색 꽃

"널 있는 그대로 사랑해."

아이의 예쁜 모습도 실수도 미움도 수용할 수 있는 순수한 사랑이 필요합니다. 부모의 입맛에 맞는 아이는 이 세상에 없습니다. 아이들은 부모를 향한 크고 무조건적인 사랑을 합니다. 이유가 없는 사랑을 베푸는 노력을 해보는 건 어떨까요.

3. 노란색 꽃

"친구 같은 엄마가 필요해요."

'공부 하랴, 학원 가랴, 숙제 하랴' 요즘 아이들은 눈코 뜰 새 없이 바쁩니다. 아이들은 바빠졌어도 외로움의 크기는 줄어들지 않습니다. 이럴 때일수록 아이들에게 친구 같은 부모가 필요합니다. 아이와 함께 즐길 만한 취미를 가져보는 건 어떨까요? 아이들이 가장 좋아하는 건 부모님과 함께 공유하는 '경험'입니다. 편안하면서도 설렘을 느낄 수 있는 아이와의 데이트 시간을 추천합니다.

4. 빨간색 꽃

"애정과 증오의 어디 즈음 애증관계"

자녀를 향한 불타는 사랑에 지칠 줄 모르는 당신은 사랑이 많으신 분이군요. 가끔 사랑이 흘러 넘쳐서 아이들 삶에 선을 넘어간 적 있으신가요? 사랑은 때론 잔소리로 모습을 바꾸곤 합니다. 서로를 향한 애정이 큰 만큼 적극적으로 싸울 수 있으니 먼저 배려하는 모습을 보여주는 건 어떨까요?

몸이 항상 무겁고 피곤하신가요?

7. 마음에 불안함이
느껴지시나요?

신도시 아파트의 속사정

햇빛이 쨍한 날이면 화초처럼 앉아 빛을 쪼이는 걸 좋아한다. 베란다 앞에 쭈그려 앉아 조감도처럼 작아진 도시를 내려다보곤 한다. 갑자기 창밖에 무언가가 '부웅' 하고 날아올랐다. 벌새라기에는 아담했고 곤충이라기엔 몸집이 육중했다. 자세히 살펴보니 장수말벌이었다. 사람을 물고 쏘아서 죽음에 이르게 할 수 있는 치명적인 독을 지닌 벌이었다. 곧 안내방송이 흘러나왔다. "최근 들어 우리 아파트에 말벌들이 집을 짓는 중이오니 벌이 나타나면 창문을 닫고 신고해주시길 바랍니다." 이제 막 입주를 시작해서 하루에도 여러 대의 사다리차 짐을 올리는 모습을 구경할 수 있었다. '벌들도 신도시에 새집을 짓고 이주하려나보군……' 아찔한 초고층 아파트 고도에서 만난 벌이 마냥 신기했다.

벌들이 이사 올 만큼 신도시에는 어떤 매력이 있는 걸까. 일단 뭐

232
엄마의 삶에도 문진표가 있나요?

든 새것이었다. 새 아파트에 칠해놓은 페인트는 햇빛 아래에서 레고 도시처럼 쨍하게 빛났다. 바닥에 그려 넣은 건널목과 신호등도 깔끔하게 정돈되어 있었다. 새로 지은 도서관 안에는 오래된 세계문학전집조차 새 책이었다. 장난감들이 사는 마을에 놀러온 듯이 윤기 자르르 도는 소방서와 최신식 놀이터를 보며 현실적인 감각이 뒤흔들리곤 했다. 가끔 이 숨 막히게 완벽한 도시에서 종종 뱃멀미를 느끼기도 했다.

형형색색 아파트는 신도시를 더욱 화려하게 수놓는다. 아파트 중에도 주인공은 아마도 조경일 것이다. 키가 큰 수목들은 조경에 골격 역할을 한다. 키 작은 초화류는 사람들에게 계절의 변화를 느끼게 해준다. 어느 아파트에서는 제주도에서 팽나무를 직접 가져와 심었다고 한다. 조경을 잘해야 아파트 값이 오른다는 설이 틀린 말은 아닌가 보다. 새로 생긴 아파트에 조경으로 채우는 나무와 바위들은 대게 다른 곳에서 옮겨져 왔다. 이 과정은 사람의 장기를 떼어 옮겨 붙이는 "이식"이라 표현한다. 기온이 다른 지역마다 생육 가능한 나무가 달라진다. 이식된 나무들은 새로운 환경에 적응하고 이겨내려 힘을 쓰고 있다.

아파트에 이식되어진 게 비단 나무뿐일까. 사람들도 이식되기 시작했다. 신도시 초등학교에는 학기 중에도 학생들이 끊임없이 전학을 온다. (대부분 오래 된 중소도시에는 새 학기가 시작하기 전 2월에 이사를 마친다.) 아이들을 품은 가족들도 함께 이사를 온다. 학교라는 어수선한 공간은 너도 나도 고향을 떠나 새로운 도시로 품고 온 기대감으로 가득하다. 그곳 아이들은 누구든지 금방 친구가 될 준비가 되어 있다.

그 동안 "신도시" 하면 이웃 간의 단절과 상막함을 떠올렸다. 하지만 현실은 반대로 따뜻했다. 전국 각지에서 모여든 사람들은 한 아파트에서 만나 이웃이 되었다. 다들 어딘가에 사랑하는 가족 혹은 친구를 두고 떠나왔다. 그리움을 앓는 사람들이었다. 마음 맞는 새 짝을 찾기 위해 서로에게 애정과 관심을 쏟으며 왕래한다. 어느새 주위 이웃들이 삶에 한 자리씩을 차지하기 시작했다. 물리적인 거리와 정서적 거리간의 상간관계가 느껴진다. 사람들이 이전에서 살던 곳의 문화와 가치관이 한데 모여 어우러진 이곳은 비빔밥 같은 도시였다.

전국 각지에서 몰려든 사람들을 보면 종종 피난민을 떠올리곤 했다. 피난민은 재난을 피해 서둘러 도망하는 사람들을 말한다. 과거 부산 영도다리에는 전쟁 중에 잃어버린 가족을 찾으려는 이들로 만원이었다. 전쟁은 사람들을 흩어놓았고, 흩어진 사람들은 다시 하나의 장소로 모여들었다. '도시 개발'도 '전쟁'과 같은 면이 있었다. 원래 살던 원주민들에게서 땅을 헐값에 사들여 내쫓은 다음, 비싼 값에 새로운 사람들을 모여들게 만들었다. 타지로 이식되어진 사람들과 신도시로 이식되어진 사람들 간에 희비가 갈리는 순간이다. 나 또한 피난민에 지나지 않는다. 우리 가족은 서울에 커다란 집터를 도시개발이란 명목하게 헐값에 팔았다. 가격에 맞는 집은 찾다가 수도권에 위치

'혹시 지금 당신의 삶도 자꾸만 힘이 드나요.
어쩌면 귀한 사람으로 나아가기 위한 마지막 여정 중은 아닐까 생각이 듭니다.
세월의 풍파가 남긴 거친 흔적이 언젠가 빛나는 결실로 다가올 테니……
숨이 차올라도 조금만 힘을 내어 주세요. 소나무는 군집을 이루고 산다지요.
언제나 당신 곁에서 말없이 함께하겠습니다.'

한 신도시로 이주했다. 서울 사대문 안에서 나고 자란 그리움은 종종 꿈속에서도 거리를 헤매인다. 원래부터 그 땅의 주인은 누구였을까.

아파트 조경에서 최고의 품격은 소나무이다. 하늘 위로 쭉 뻗은 소나무가 군집을 이룬 채로 이식되어진 광경을 쉽게 볼 수 있다. 소나무는 많이 휘고 구부러질수록 귀한 나무이다. 멋들어지게 구부러진 소나무의 삶은 실은 살아오는 내내 시련이 투성이었다. 소나무는 상처를 입거나 풍파를 맞을수록 구부러지기 때문이다. 고생 없이 곧게 자란 나무보다 고된 시간들이 만들어낸 영광을 온 몸으로 발산하는 소나무가 빛나 보였다. 어디선가 소나무의 말소리가 들리는 듯하다.

'혹시 지금 당신의 삶도 자꾸만 힘이 드나요. 어쩌면 귀한 사람으로 나아가기 위한 마지막 여정 중은 아닐까 생각이 듭니다. 세월의 풍파가 남긴 거친 흔적이 언젠가 빛나는 결실로 다가올 테니…… 숨이 차올라도 조금만 힘을 내어 주세요. 소나무는 군집을 이루고 산다지요. 언제나 당신 곁에서 말없이 함께하겠습니다.'

밥을 먹고 나면 우울해져

우주의 공백도 삼켜버릴 듯한 공복감을 느낀 사람들이 있었다. 신 God도 마르크스도 존 레넌도 다 죽었던 그때 그들은 배고픔에 악으로 내닫기로 결심했다. "빵가게 습격하자." 그들은 평범한 동네 작은 빵집에 부엌칼을 들고 들어갔다. 더욱 수상한 건 빵집 주인이었다. 가만히 바그너의 음악을 들어주면 빵을 모조리 먹을 수 있게 해주겠다는 주인의 제안이었다. 이것은 무라카미 하루키의 소설 〈빵가게를 습격하다〉이다.

등장인물들이 어딘가 괴팍해 보였다. 배가 고파서 털기로 결심한 게 고작 빵이라니. 21세기에 장발장이 부활해 돌아왔단 말인가. 이 책을 읽자 알베르 카뮈의 〈이방인〉이 떠올랐다. 주인공은 어머님의 부고 소식을 받고 고향으로 돌아온다. 좀처럼 현실감각이 떨어지는 이 선량한 주인공은 어머니의 죽음과 별개로 해변에서 여자를 만나 사

마음에 불안함이 느껴지시나요?

밥을 먹고 나서 우울해지는 이유는 주로 다음 끼니에 대한 걱정 때문이다.
돌아서면 밥하고 돌아서면 밥 먹고…… 끝나지 않는 끼니에 대한 걱정은
"돌밥"이라는 신조어를 만들어 냈다.

귀게 된다. 그곳에서 얽힌 사람들과 실랑이 끝에 총으로 사람을 쏴서 재판을 받게 된다. 주인공은 이 모든 게 그날의 뜨거운 더위와 햇빛 때문이었다고 말한다.

사람을 사람답게 하는 건 "이성" 때문일 것이다. 가끔 사람이 사람이길 포기하고 동물로 돌아가게 만드는 사소한 것들이 있다. 나는 밥을 먹고 나면 조금 우울해졌다. 모든 동물들은 섹스 후에 우울해진 다던데 대체 '밥'이란 무엇일까.

밥을 먹고 나서 우울해지는 이유는 주로 다음 끼니에 대한 걱정 때문이다. 돌아서면 밥하고 돌아서면 밥 먹고…… 끝나지 않는 끼니에 대한 걱정은 "돌밥"이라는 신조어를 만들어 냈다. 코로나로 외식이 여의치 않아지자 주방의 불은 오래도록 꺼지지 않았다. 오동통한 입술로 오물오물 먹어대는 아이들을 바라보는 일은 행복하지만 찰나였다. 밥그릇을 옮기고 설거지를 하는 동안 떠오르는 건 '다음 끼니는 무얼 해먹이지'라는 걱정뿐이었다. 아이들이 맛있게 먹어줄 때의 희열과 부엌붙박이가 된 듯한 쓸쓸함이 상충할 때면 마음이 어지러워진다. 엄마는 밥시간이 가까워지면 기막히게 울려대는 뱃구레가 조금은 원망스러웠다.

젊은 시절 이별의 순간 앞에서도 종종 배가 고팠다. 드라마 속 여주인공들은 잘도 식음을 전폐하던데 생각보다 어려웠다. 마음이 허할수록 허기가 졌다. 이별의 순간에도 시간 맞춰 울려대는 순종적인 뱃고래가 서글펐다. 살면서 배가 고파 슬퍼지던 날이 또 있었다. 첫 아기를 낳기 전날이었다. 제왕절개 수술을 앞두고 있어 전날 밤 금식에 돌입했다. 아기를 만난다는 설렘과 수술에 대한 두려움으로 도무지 잠을 이루지 못했다. 수면제라도 있다면 꿀꺽 삼키고 꿀잠을 자고 싶었지만 현실은 불면의 밤이 이어졌다.

때마침 냉장고에는 음식이 가득 들어 있었다. '최후의 만찬'이라며 욕심부려 준비한 음식들이 다 먹지 못한 채 보관돼 있었다. 냉장고에서 식은 족발은 유난히 쫄깃해 보였고 양념치킨 양념은 눅진했다. '에라 모르겠다' 먹으려던 순간 의사선생님이 뱃속에서 '치킨과 족발을 두 손에 꼭 쥔 아기'를 꺼내는 상상을 했다. 조용히 냉장고 문을 다시 닫았다. 그 순간 나 자신이 마치 동물 같았다. 동물로 살지 말고 식물처럼 살자가 나의 인생 모토였다. 인생의 고비마다 배고픔은 나를 더 겸손하게 만들었다.

이성을 뒤흔들만큼 화장실이 필요했던 절체절명의 순간이 떠오른다. 그때 안간힘으로 막을 수 없는 거대한 쓰나미가 뒤에서 밀려오고 있는 걸 직감했다. 줄 서 있던 순간이 시한폭탄 같았다. 뒤에서 쉬야가 마려워 펄쩍 뛰는 다섯 살 아이가 간절한 눈빛을 보내왔다. '미안하다 내 코가 석자라서……' 커다란 숙제를 안고 있는 다급한 사람에게는 노인과 약자가 눈에 들어오지 않는다. 자비도 없이 이기심으로 똘똘 뭉친 악인처럼 화장실 문을 닫았다. 배설의 욕구는 또 한 번 나를 동물로 만들었다. 화장실 문을 나서며 다시 평온한 사슴의 얼굴을 하곤 거울로 바라보았다. 식물처럼 살고 싶은 수상한 육식동물 한 마리가 거울 속의 나와 눈이 마주쳤다. 아무래도, 식물이 되고 싶은 소망은 다음 생으로 미뤄둬야 할 것 같다.

하늘 위에서 피는 불꽃

어린 시절 처음으로 훔친 물건이 있었다. 그것은 아빠의 라이터였다. 주먹 안에 쏙 들어가서 감추기 쉬웠다. 그 '조그만 부싯돌'을 들고 신이 난 아이는 친구들과 공터에 모여 불장난을 했었다. 바짝 마른 나뭇가지나 신문을 구겨 넣고 활활 타오르는 걸 지켜봤다. 주워 온 과자봉지를 태울 때면 매케한 검은 연기가 피어올랐다. 태우는 재료에 따라 연기의 색과 냄새가 달라졌다. 아이들은 일상 속에 과학자가 된 듯 '불멍'을 대하는 태도가 사뭇 진지했다. 그 시절 몰래하는 불장난은 우리만의 비밀스런 희열이었다.

초등학교에 입학하고 문구점이란 세계를 만났다. 그곳에서 콩알탄을 알게 되었다. 자그마한 종이갑을 열면 콩알이 옹기종기 들어차 있었다. 호두과자를 감싸던 하얀 종이에 담긴 조그만 화약은 위력이 어마어마했다. 바닥 던지면 '팍' 폭발음과 함께 화약 냄새가 코끝을

엄마의 삶에도 문진표가 있나요?

찔렀다. 주머니 속에 작은 폭탄을 숨긴 악동 테러리스트가 탄생하는 순간이었다. '누구든 깜짝 놀랄 준비를 하시라!'

그 후로 깜짝 놀랄 만한 일은 일어나지 않았다. 지극히 평범한 표준 어른이 되었다. 좋아하는 사람도 생겼다. 연애를 시작하자 왠지 '특별한 사람'이 된 것만 같은 기분이 다시 들었다. 우리는 종종 바닷가에서 조개구이를 먹고 까만 밤하늘 아래에서 불꽃놀이를 했다. 까만 밤하늘은 화약과 금속화합물들이 타오르며 형형색색으로 물들었다. 불꽃놀이는 연애시절과 닮아 있었다.

그때 내가 처한 현실이 까만 밤일수록 연애는 더 밝게 타올랐다. 불꽃이 화려할수록 주위 사람들과 삶의 목표도 잊은 채 연애에 몰두했다. 밤하늘 위에서 불꽃이 터지던 순간을 영원히 기억 속에 담아두고 싶다. 연애를 하던 모든 순간들도 그랬다. 그 커다란 불꽃은 만개를 하곤 천천히 아래로 떨어졌다. 연인과의 관계도 불꽃처럼 상승곡선과 하향곡선을 반복했다. 서로에게 닿지 못해 늘 아쉬웠다. 뜨겁게 타오르는 불꽃은 너무 가까이 다가가기엔 위험했다. 하늘과 땅위, 서로 각자의 자리를 지키며 바라볼 때 가장 안전하고 아름다웠다.

화려한 불꽃놀이의 폭발음은 늘 사람들을 놀라게 한다. 그래서일까 불꽃은 예부터 소식을 전하거나 축제를 알리는 행사에 사용되었다. 사랑하는 연인과 결혼식을 올리던 날에도 축포를 알리는 폭죽이 터졌다. 밤하늘에 쏘아 올린 불꽃은 하늘 위에서 빛나는 별이 되었다. 결혼은 사랑하는 사람과 같은 별을 바라보는 일이 되었다.

결혼을 해서 좋은 건 '만남을 위한 약속'을 잡지 않아도 된다는 것이다. 고개를 들면 하늘 위에서 빛나는 별처럼 사랑하는 사람을 언제나 볼 수 있었다. 달빛처럼 수수한 속옷을 입어도 된다는 점도 좋았다. 헤어질 걱정이 없는 상대와 산다는 건 긴장감이 없어 느슨해지지만 몸을 조여 오듯 갑갑하지 않아 편안했다. 연애할 때는 나와 달라서 좋아보이던 점이 종종 다툼의 원인이 되기도 했다. 결혼이란 서로 다름을 인정하는 법부터 배워야 했다.

결혼이 좋으면서도 아쉬운 건 더 이상 불꽃놀이처럼 재미삼아 할 수 없다는 것이었다. 가족이 되는 일에는 책임감이 따랐다. 경제생활 공동체에는 점차 서로의 가족들도 통합되었다. 더 이상 둘만 잘해서 되는 일이 아니었다. 둘이 으쌰으쌰 힘을 모으는 법을 배워갔다. 연애가 화려한 불꽃놀이라면 결혼은 어두운 밤을 함께 손잡고 이겨내는 과정이 아닐까 생각해본다.

불꽃놀이는 '밤하늘 위에 피어나는 꽃'이라 불린다. 불꽃처럼 어두운 밤하늘 아래에서만 피는 꽃이 있다. '달맞이꽃'이 그러하다. 밤에 피는 꽃은 나방, 쥐, 박쥐 등 야행성 동물들을 이용해 꽃가루받이를 한다. 낮에 피는 꽃에 비해 색이 연하고 향기도 은은하다. 밤에 피는 꽃처럼 살고 싶다. 외형에 치우치지 않고 은은한 향기를 품은 사람이 되고 싶다. 나이를 먹을수록 교양 있는 사람이 풍기는 향기가 더 오래간다는 걸 느낀다. 은은한 달빛 아래에서 해사하게 피어난 밤의 꽃처럼 미풍에 흔들리고 싶다.

내 몸 관찰 기록소

샤워를 하면서 무슨 생각을 하는가요? 벌거벗은 몸과 마주하면 왠지 경건한 마음이 든다. 샤워를 하며 요가나 명상을 해볼까. 아이들을 씻길 때면 손에 와 닿는 촉감이 기분을 좋게 만든다. 촉촉하고 보드라운 살결에 탱탱한 탄력감은 절로 탄성이 나온다. 나를 씻길 때는 어떤가요? 거칠고 건조한 피부는 날로 탄력을 잃어간다. 모찌떡 같은 아이들을 씻기던 손으로 푸석한 감자 같은 피부를 쓰다듬는 날에는 나는 조금 서글프다. 그동안 이 몸으로 악착같이 살아내느라 고생이 많았구나. 제 스스로 어깨를 한껏 끌어안고 싶다.

피부가 노화되는 변화를 겪을수록 나는 죽음을 떠올린다. 오늘이 생에 마지막 날이라면 당신은 무엇을 하고 싶은가요? 나는 평소에는 가지 않던 네일숍에 문을 여는 상상을 한다. 나의 마지막 날에 페디큐어를 하고 싶다. 냄새나는 신발 속에서 구겨져 고생한 발에게 호강도

시켜주고 싶지만 그 이유뿐만은 아니다. 자식들 앞에 주검으로 누워 있더라도 초라한 모습은 보이고 싶지 않아서이다. 형광색도 발톱도 좋고 도토리만 한 큐빅을 박으면 더 좋을 것 같다. "이 세상 제일 화려하고 반짝이게 해주세요." 저들 때문에 평생 고생만 하다간 울 엄마를 떠올리며 죄책감을 안겨주고 싶지 않다.

고백을 하자면 나는 여름철 집안일을 할 때면 대체로 헐벗고 일하는 편이다. 청소기를 돌릴 때면 먼지를 내보내기 위해 창문을 활짝 연다. 한여름 창문으로 밀려들어오는 열기는 창을 바로 닫고 싶을 만큼 뜨겁다. 곧 땀에 젖은 티셔츠와 바지는 바짓가랑이를 붙잡는다. 그럴 때면 비키니를 입고 해변에 간 복장으로 홀가분히 고무장갑을 낀 채 설거지를 한다. 싱크대 위 조그만 창에서 조각 바람이 불어와 몸을 타고 흐르던 땀을 식혀준다. 헐벗고 집안일을 하다가 자칫 물걸레를 밟고 널부러진 내 모습을 상상한다. 엄마를 찾아온 자식들 앞에서 '아 속옷을 위아래 짝이라도 맞춰 입을 걸……' 후회해도 그때는 이미 늦었겠다.

나의 마지막 날은 아마도 아이들에겐 '엄마'를 잃어버린 날일 것이다. 더 이상 '엄마'라고 소리 내어 부를 일이 없겠다. 나는 아무 대답을 못주니까. 그때 아이들의 마음은 어떨까요?

'우리들을 키우느라 죽어라 고생만 하던 우리 엄마, 이렇게 허망하게 가다니요……'

엄마를 잃은 상실감에 죄책감을 얹어 무겁게 짊어질 생각하니 숨이 막혀온다. 그때 발가락 위에 세상 보석을 다 얹은 듯 블링블링한 엄마를 본 아이들이 실소를 터뜨리면 좋겠다. 옷장에는 신상백 하나를 넣어두고 옷 한 벌도 코디해둘 거다. "우리 엄마 하고 싶은 건 다 하고 사셨는데…… 역시 이 연세에도 형광 노랑발톱은 어찌나 잘 소화하해내시는지. 마지막까지 품위를 지키신 걸 거야……" 하고 아이들에게 옅은 미소라도 선물해준다면 좋겠다. 시야가 흐려지는 꼬부랑 할머니가 되면 나는 어느 날에 페디큐어숍 문을 열고 들어가는 상상을 해본다.

마음에 불안함이 느껴지시나요?

바람 잘 날 없으신가요

마음이 복잡할 때면 절에 다녀온다. 종교는 없지만 그저 절이 주는 평온함이 좋다. 내가 좋아하는 절들은 주로 도시를 떠나 한적한 곳에 있다. 때로는 넘실대는 파도 옆이기도 하고 원시우림을 떠올리게 하는 산속이기도 했다. 그곳에서 좋아했던 건 목탁을 두드리며 불경을 외던 스님들의 목소리와 향냄새, 그리고 바로 풍경소리였다. 바람이 노크를 하듯 풍경을 두드리면 청아하고 텅빈 소리가 머리에서 울려 퍼졌다. 바람이 말하는 것 같았다. "아무것도 생각하지 마라. 그저 바람을 생각하라." 트루먼 카포티의 소설 《마지막 문을 닫아라》의 한 구절이다. 하루키는 이 책을 읽고 《바람의 노래를 들어라》는 소설을 썼다고 한다.

나의 집 창가에는 선캐쳐가 하나 있다. 빙그르르 돌면 온 집안에

엄마의 삶에도 문진표가 있나요?

햇볕이 도트무늬 파도가 되어 일렁인다. '파도가 바다의 일이라면' 선캐처는 '바람이 흔들어 놓고 간 열정'이 아닐까. 사계절 바람의 모습을 눈으로 지켜볼 수 있어 좋다. 아프리카 원주민들은 밝은 태양의 빛이 집안으로 들어오는 창문에 선캐처를 걸어두었다. 빛을 통해서 좋은 기운이 들어온다고 믿었던 풍수 아이템이라고 한다. 아기들의 모빌을 닮은 선캐처는 유리나 구슬, 크리스털, 스테인드글라스 등의 소재로 만들어진다.

풍경이 바람의 노래라면, 선캐처는 바람이 추는 춤이다. 강한 비바람이 불어오는 날이면 창가에서 파르르 날개를 비비는 소리가 난다. 수 천 마리의 종이 나비들이 하늘을 향해 일제히 날아오르는 것만 같다. 그날도 그랬다. 아이들과 거제도로 여행을 떠났었다.

산책길을 따라 '바람의 언덕'에 올라갔다. 길가에 떨어진 동백꽃은 아직 붉은빛이 선명했다. 송이째 툭 떨어지는 동백은 척박한 겨울에도 아름다운 꽃을 피워내는 강인한 생명력을 품고 있었다. 어린 딸아이의 손을 꼭 붙잡고 정상을 향해 걸었다. "바람의 언덕에서는 바람의 핫도그를 먹어야 한다"고 누군가 내게 말했다. 두 겹으로 바삭하게 튀겨낸 그곳 핫도그는 갈색 빛이 돌았다. 설탕 위에 사르르 굴려 개첩과 머스타드를 지그재그로 뿌렸다. 건망증 도깨비가 잃어버리고 간 도깨비방망이처럼 생긴 핫도그를 들고 어린 딸아이는 벌써 신이 났다.

바람의 언덕에는 명성에 걸맞는 거센 바람이 불었다. 바람의 위력에 거대한 풍차도 빠르게 돌았다. 사진기를 든 관광객들의 모습이 어

마음에 불안함이 느껴지시나요?

던가 우스꽝스러웠다. 조회대 위에 나부끼는 태극기처럼 머리카락이 미친 듯이 휘날렸달까. 우주체험을 하는 사람들처럼 바람에 머리카락이 중력을 이겨내고 있었다. 그때 찍은 사진 속에 나는 단발머리를 김삿갓처럼 휘날리고 있었다. 순간 이 미친 듯한 광풍을 뚫고 손 안에 든 핫도그를 먹어치워야 한다는 걸 알아차렸다. 사이다처럼 청량한 바람이 불어와 뺨과 머리카락에 케첩을 범벅을 했다. 열심히 먹다가 서로의 꼴을 보곤 절로 웃음보가 터졌다. 그때 이후 파블로프의 개처럼 바람을 떠올리면 늘 바람의 언덕에서 먹던 핫도그가 생각났다.

오늘도 거실 창가에는 바람이 덩실덩실 춤을 춘다. 선캐쳐가 흔들릴 때면 황홀한 빛깔이 벽지 위에 쏟아진다. 아이는 바람을 잡겠다며 검은 봉다리를 들고 뛰어다닌다. 한쪽 귀퉁이에 구멍이 난 줄도 모르고 열심히 뛴다. 아이들이 있는 집은 바람 잘 날이 없다. 그럼에도 바람은 열심히 안부는 보내온다. 샛바람, 하늬바람, 마파람, 된바람, 바람의 이름은 여러 개이지만 인생에서 만나온 바람들은 한결같다. 늘 새로운 날을 실어 나른다. 바람은 어쩌면 우리들이 그토록 바라는 "바람"일지도 모르겠다. 오늘의 바람을 적어본다.

"나의 모든 순간들이 바람에 내다 널은 빨래처럼 날마다 새로워지기를……바람!!"

부부만의 은밀한 시간

불금이 지나고 일요일 아침이 되었습니다. 일요일은 마치 행복한 단잠을 자고 일어난 듯합니다. 열어 놓은 창가로 시원한 바람이 불어와 커튼을 간질입니다. 창밖에선 올 여름 마지막 매미가 목청껏 울고 있습니다. 햇빛에 뽀송하게 말린 이불이 종아리를 스쳐지나갑니다. 단순한 후각이나 촉감에도 일상을 행복으로 이끄는 마력의 힘이 있다고 말입니다. 그래서인지 오늘은 침대 위에 누워 조금 더 빈둥대고 싶어졌습니다.

주말 동안 남편과 함께 맥주를 마셨습니다. 일마 진에 새로 유리잔을 샀습니다. 540ml 짐승용량에 오로라 빛이 감도는 잔이었지요. 코로나로 집에서 마시는 맥주라도 좀 느낌 있게 마셔보자는 의도였습니다. 편의점에서 마셔보고 싶은 맥주들을 어렵게 고르고 (손톱을 물어뜯고 싶을 만큼…… 우유부단한 이들에게는 이 결정의 순간이 늘 어렵습니

마음에 불안함이 느껴지시나요?

다.) 검은 봉지에 담아 들고 오는 내내 묵직한 기대감으로 마음이 흔들렸습니다.

"딸깍~스으으으~~똘~똘~똘~똘"

새로 산 유리잔을 잡는 그립감은 낯설지만 기분이 좋았습니다. 따르는 용기에 따라 모양이 변하는 액체라서일까요. 새로운 잔에 따르니 늘 마시던 맥주도 새롭게 느껴집니다. 뽀글뽀글 탄산이 달라붙은 유리잔의 표면을 돌리자 오로라가 일렁입니다. 입술을 대고 천천히 한 모금씩 음미를 하자 IPA 홉의 향이 맴돌았습니다. 하루는 간장소스를 발라 구운 등갈비랑 함께 마셨고 또 하루는 숯불 치킨에 칠리소스를 더해 마셨습니다. 역시 맥주는 어떤 요리와 함께 먹어도 잘 어울리더군요.

맥주를 마실 때면 주로 대사가 잘 들리는 한국 영화를 봅니다. 이번 영화에는 영화배우 진구 씨가 재식 역할로 나왔습니다. 은혜라는 어린 여자아이도 등장하죠. 어느 날 은혜의 엄마가 갑자기 죽었습니다. 함께 일하던 재식은 은혜네 전세보증금 8천을 노리고 가짜 아빠 노릇을 시작합니다. 조금은 식상한 설정에서 '아이를 키우며 개과천선하는 전형적인 건달영화'로구나 싶었는데 아니었습니다. 맥주를 안주 삼아 기대 없이 보려던 영화 〈내겐 너무 소중한 너〉에 온통 마음을 빼앗기고 맙니다.

은혜의 행동이 어딘가 수상합니다. 다 자란 여자 아이가 돌쟁이 아기처럼 옹알이를 합니다. 수상한 사람이 집에 들어와도 전혀 알아차리지 못합니다. 집안 한구석에 엄마가 사다놓은 마른 빵을 먹고 살던 아이는 사실 시청각 장애인입니다. 듣지 못하고 보지도 못하는 아이의 세상에는 아직 언어가 없습니다. 억지를 쓰고 물어뜯던 아이가 할 수 있는 거라곤 손바닥으로 더듬거리며 냄새를 맡는 일뿐이죠. 안네의 일기 속에 안네가 떠오릅니다. 우리나라는 시각 장애인 혹은 청각 장애로만 구분될 뿐 시청각 장애에 대한 명확한 기준이 없다고 합니다. 도움이 절실하던 은혜가 국가에서 받을 수 있는 교육이 없습니다. 재식은 맑고 순수한 은혜에게 세상을 읽을 수 있도록 글을 가르치기 시작합니다.

영화를 보며 우리는 말없이 잔을 채우고 눈빛을 보냅니다. 마음이 무거워질 때면 서로의 어깨에 묵직한 손을 얹어 봅니다. 은혜를 보며 속이 쓰리다가도 한편으로 우리 아이들이 비장애인이라는 사실에 안도감을 느꼈던 걸까요. 영화를 통해서 시청각 장애인들의 어려움을 알게 되었지만 우리는 어디까지나 선 밖에 사람들일 뿐이었습니다. 그래서 더 서글펐는지 모르겠습니다. 슬픈 현실과 달리 영화 속은 재식과 은혜가 쌓아가는 잔잔한 일상들로 행복감이 차올랐습니다. 타인과 가족이 되어가고 고난을 이겨내는 모습을 보며 마음 한 쪽이 축축해졌습니다. 눈물이 차오르는 걸 꾹꾹 참아내던 남편의 눈 속에 오로라 빛 눈물이 반짝입니다.

마음에 불안함이 느껴지시나요?

달이 기우는 속도로 우리는 천천히 늙어가는 중입니다. 그럴수록 자꾸만 눈물이 차오릅니다. 부모가 되고 사랑해서 지켜야 할 사람들이 늘어납니다. 그래서 오늘 더 슬퍼지고 약해집니다. 세상 어딘가에 마음 쓸 일 한 가지씩 더 늘어납니다. 어쩌면 행복해서 슬퍼할 일이 더 많아진 노인이 되어가는 건 아닐까요. 한참을 가만히 울고 나자 찌그러진 마음이 확 펴진 기분이 들었습니다. 대신 교자상 아래에는 맥주 캔들이 하나 둘 찌그러져 뒹굴었죠. 덕분에 홀쭉하던 마음이 다시 통통하게 차올랐습니다.

오늘 이대로 꿈속에서 자고 일어나면 내일은 꼭 짠 행주처럼 탁탁 털고 부지런하게 일어날 겁니다. 양쪽에 아이들을 한 명씩 끼고 부부가 손을 꼭 잡고 잠든 이 밤. 낮게 깔린 검은 하늘을 이불 삼고 내일로 향합니다. 바로 아이들이 기다리는 그곳으로요. 캄캄한 밤을 비추면 아이들 뒤로 나타나는 그림자가 바로 부모 아닐까요. 부모는 늘 자식들 곁을 말없이 지켜줍니다.

엄마의 삶에도 문진표가 있나요?

혼자만의 밤을 보내는 방법

어둠이 오면 생각이 많아지는 이유는 뭘까? 아마도 혼자라는 고독함 때문일 것이다. 어둠이 밝은 시야를 막고 시끄러운 소음도 적막해지면 몸은 그제야 긴장감을 푼다. 캄캄한 적막 속에서 감각기관들도 휴식시간을 갖는다. 도로 위에 소음이 멈추면 작은 풀벌레들이 우는 소리가 크게 들려온다. 하루 종일 들리지 않던 마음속의 이야기도 들려온다. 종알종알 말들이 머릿속에 차오른다. 다크 초콜릿처럼 고독하고 적막한 이 시간을 사랑한다.

'혼자서 보내는 밤은 무얼 하면 좋을까?'

우선 집안 여기저기에 사놓은 책들을 읽는다. 책 속에 인용된 책이나 누군가가 재밌다고 추천한 책들을 와르르 미리 구비해둔다. 그리곤 열대과일처럼 후숙 기간을 거친다. 일요일 오후 엿가락처럼 늘어지는 시간이면 산더미처럼 쌓인 책만 바라보아도 절로 흐뭇해진다. 긴긴 겨울을 앞두고 연탄 광을 꽉 채운 기분이랄까. 읽지 않은 책들은 종종 내일을 살아야 할 이유가 되어주기도 한다. 결말이 너무도 궁금하니까. 새로 산 책들을 가만히 바라보는 것만으로도 심리적 안정감을 얻을 수 있다. 밤은 독서하기에 좋은 시간이다. 안개가 가라앉듯 감정의 역치가 내려가면 조그만 자극에도 금방 무너져 내리기 쉽다. 매일 밤 무너진 성벽을 다시 쌓다 보면 좀 더 단단해지는 기분을 느낄 수 있다. 모아둔 책들은 읽어도 읽지 않아도 무방하다.

그다음 집 앞 편의점으로 향한다. 한밤중에 편의점은 잠 못 드는 이들에게 쉼터가 되어준다. 캄캄한 세상 속에 내걸린 환한 간판처럼 환대해주는 기분이 들곤 한다. 밤늦은 시각 편의점에 들른 사람들은 대부분 혼자이다. 평소 즐겨마시던 술과 안주를 고르는 손길에는 어쩐지 기대감이 느껴진다. 계산대에 선 그들의 등이 익숙하면서 고독해보여 다행이라 안도했다. 어깨를 부딪치지 않으려고 조심히 지나치던 순간 우리는 알지 못하는 연대감에 휩싸인다. '인간은 모두 고독하답니다. 혹시 당신도 그런가요? 어쩐지 우린 같은 눈빛을 가졌군요. 만나서 반가웠습니다.' 한밤중의 편의점에는 아무 말이 없다. 말 없는 위로도 있는 법이다.

네 캔에 만 원인 세계맥주를 곰곰이 고르고 있었다. 편의점 안에서 노랫소리가 울렸다. 스팅이 부른 〈잉글리시맨 인 뉴욕〉이었다. 노랫말은 이렇다. "난 이방인이에요. 적법하게 들어온 이방인이에요. 전 뉴욕에 사는 영국인이랍니다. 내가 말할 때 당신은 내 발음에서 알 수 있죠. 나는 이방인이에요." 지금 이 시간 지구별에서 혼자인 사람은 누구나 이방인이 된다. '크으 찰떡같은 선곡이었다.' 교대 근무를 하는 이곳은 누가 일하는지에 따라 BGM이 달라진다. 누군가의 플레이리스트를 엿볼 수 있는 것은 그 사람을 알아가는 일이다. 어쩌다 내 플레이리스트에 있는 곡과 겹치면 반가움에 얼굴을 들어 눈길을 보낸다.

나와 취향이 같은 사람은 어떤 사람일까 생각한다. 머리를 말릴 때 찬바람으로 말리는 걸 좋아할까, 뜨거운 바람에 바삭하게 말리는 걸 좋아하는 사람일까. 수건을 쓸 때는 정가운데부터 쓰는 사람일까, 모서리부터 쓰는 사람일까. 밥상 앞에서 젓가락을 먼저 드는 사람일까, 수저를 먼저 드는 사람일까. 새치기 하는 사람을 봤을 때 참을 수 있을까, 과감하게 나서서 정정을 요구하는 사람일까. 취향이 같은 사람을 만나면 왠지 모를 기대감이 부푼다. 이 세상 어딘가에 나와 같은 상태와 질감을 가진 사람을 언젠가 만나게 될 것 같아 설렌다.

사람에 대한 설렘은 세상을 향한 관심을 밖으로 나아가게 한다. 그렇지만 오늘 밤도 여전히 혼자인 시간이 좋다. 바쁜 일상을 살다가도 고독함이 뚝뚝 묻어나는 밤 시간이 늘 그리워진다. 그리곤 혼자가 되면 작은 안도의 한숨을 쉬곤 한다.

마음에 불안함이 느껴지시나요?

KiMi

밤하늘에 뜬 달과 별을 향해 말을 걸어 본다.
지금 이 책을 읽고 있는 당신은 어떠신가요?
문득 당신의 음성이 궁금해진다.

'나 라는 사람은 역시 혼자라 편한 사람이구나……'

언젠가 좋아하는 사람을 만나게 되면 책장을 구경시켜 달라고 조르고 싶다. 밤새도록 서로 좋아했던 책과 얼기설기 얽힌 이야기들을 풀어가며 대화하고 싶다. 책장은 누군가의 가려진 얼굴이 되어줄 것이다. '그 사람을 왜 좋아하니?'라는 질문에 늘 대답하기 어렵지만 사람이 사람을 좋아하는 데에 명확한 이유가 없는 것도 좋다. 이왕이면 취향이 같아 서로 공유하는 기쁨을 누렸으면 좋겠다. 싫어하는 게 같아서 서로의 불편함조차 공유할 수 있는 사이라면 더할 나위 없이 좋을 것 같다.

긴긴 밤 잠 못드는 이유는 어쩌면 아직 읽지 않은 책 때문일 수도 있고 아직 만나지 못한 나의 사람 때문인지도 모르겠다. '그대 언제한 번 내가 있는 이곳에 들려주시겠습니까……' 밤하늘에 뜬 달과 별을 향해 말을 걸어 본다. 지금 이 책을 읽고 있는 당신은 어떠신가요? 문득 당신의 음성이 궁금해진다.

마음에 불안함이 느껴지시나요?

마음 진단 올림픽

심심풀이 문진표를 풀고 나의 상태를 진단해보세요.

테스트

미로 속을 헤매던 당신은 문 하나를 찾았습니다. 문을 열면 어떤 세상이 나올까요?

- ❶ 아늑한 호텔방
- ❷ 광활한 국립공원
- ❸ 고요한 미술관
- ❹ 인터스텔라 우주선

결과발표

나의 소울메이트는 어떤 사람일까?

1. 아늑한 호텔방

"매너가 사람을 만든다."

아늑한 호텔방을 고른 당신에겐 신사적인 친구가 필요합니다. 매사 자신감에 차있고 매력적이며 맡은 바를 충실해 해내는 이 사람은 부드러운 카리스마를 가졌습니다. 다툼을 싫어하고 평화를 추구하는 당신에게 어울리는 사람이군요.

엄마의 삶에도 문진표가 있나요?

2. 광활한 국립공원

"쾌활한 사람이 되어줄게."

광활한 국립공원을 고른 당신에게는 쾌활한 친구가 필요합니다. 늘 밝게 웃으며 긍정적인 에너지를 뿜어내는 친구를 만나면 저절로 기분이 좋아집니다. 내향성을 지닌 당신에게 당차고 활동적인 친구가 어울립니다.

3. 고요한 미술관

"좋고 싫음이 분명한 뚝배기형"

고요한 미술관을 고른 당신에겐 뚝심 있는 친구가 필요합니다. 독특한 외모에 개성 넘치는 이 친구는 다른 사람에게 맞추거나 눈치 보는 것을 싫어합니다. 가식적인 걸 싫어하고 솔직한 당신에게 어울리는 사람이군요.

4. 인터스텔라 우주선

"나만 바라봐."

우주선을 고른 당신에겐 신뢰감을 주는 친구가 필요합니다. 빠르게 급변하는 사회 속에서 정의감이 넘치고 성실한 친구는 두터운 신뢰감을 심어줍니다. 몰상식하며 자기중심적인 사람을 싫어하는 당신에겐 믿음직스럽고 똑똑한 친구가 어울리는군요.

마음에 불안함이 느껴지시나요?

얼마 전 넓은 잎사귀가 매력적인 스파티필름에서 흰 꽃대가 자라 났습니다. 돌돌 말린 하얀 포엽이 수줍게 열리자 노란 도깨비 방망이를 닮은 꽃이 나왔습니다. 관엽식물답게 꽃은 화려하지 않았지만 지는 모습까지 아름다웠습니다. 소박하고 절제된 꽃을 보자 당신이 떠올랐습니다.

'하얀 꽃은 마치 순백의 드레스를 입고 신부 대기실에 앉아 있던 수줍은 당신을 떠오르게 해요. 면사포 사이로 당신이 미소 지으면 하얗고 가지런한 이가 돋보였죠. 시간이 흘러 당신은 품에 아기를 건네어 받습니다. 순면으로 된 흰 속싸개에서 아기가 찡긋 얼굴을 내밀고 배냇짓을 합니다. 한껏 부풀어 오른 가슴을 쥐어 아기의 입에 물립니다. 바늘로 찌를 듯한 낯선 통증은 이내 시원함으로 바뀝니다. 흡족하게 먹고 잠든 아기 입가에서 따뜻한 모유 한 줄기가 흘러내립니다. 그 순간 여자에서 엄마가 되었음을 실감합니다.'

당신은 참 화초 같은 사람이었습니다. 상처입기 쉬운 여린 소녀를 마음속에 품고 있지요. 기쁘고 행복한 날들도 있지만 우울과 고독감이 찾아오는 날이 더 많았습니다. 그런 날이면 무거운 잎사귀들을 축 떨구고 풀이 죽어있다가도 지나가는 빗줄기에 신이 납니다. 우중충한 비 오는 날 속에서 당신은 스스로 일어날 준비를 합니다. 태양과 함께 해사하게 피어납니다.

어느 날 꽃대가 솟았습니다. 당신이 지닌 영혼의 향기가 온 집안에 퍼집니다. 꽃을 찾는 벌들처럼 아이들은 익숙한 엄마 냄새를 향해 파고듭니다. 아이들은 정겹고 포근한 엄마의 품에서 예쁜 것만 보고 예쁜 것만 먹으며 자라납니다.

엄마는 아이들과 함께 자라납니다. 여름으로 향하는 길목에서 당신은 밝은 햇살을 위해 태어난 사람 같습니다. 부드러운 연둣빛 잎사귀들에 진한 녹음이 물들었습니다. 인내와 고독으로 쌓은 단단함은 강인한 인상으로 당신의 얼굴을 밝힙니다.

불상처럼 고고하고 성스럽게 핀 꽃으로 온화하게 단장한 그대의 이름은…… '엄마'입니다.

매일 아침 태양은 당신을 비추기 위해 떠오릅니다.
통통하게 살이 오른 꿀벌들은 당신을 찾아 비행을 시작합니다.
구름은 당신을 찾아와 단비를 내립니다.

당신에겐 그럴 자격이 있습니다.

엄마는 스스로 피어나는 꽃입니다.

2022년 4월

박세은